W0029241

DAM / KRAMER
BROTBACKEN

Dam / Kramer

Brotbacken

Vom Vollkornbrot bis zum Salz- und Süßgebäck

4., erweiterte Auflage

Leopold Stocker Verlag
Graz – Stuttgart

Umschlaggestaltung: Grafik Oberhofer, Villach
Umschlagfoto: Wetzstein, St. Pölten
Fotos im Textteil: Walter Brandstetter, St. Pölten
Skizzen: Walpurga Helm, Hafnerbach

Die Autorinnen:

Das nun von Marianne Dam umgearbeitete Buch mit dem Titel „Brotbacken, vom Vollkornbrot bis zum Salz- und Süßgebäck" ist bereits 1980 erstmals unter dem Titel „Brotbacken heute" von Irene Kramer erschienen.

Marianne DAM, geb. 1962, Mutter von 4 Kindern. Vorerst bewirtschaftete sie gemeinsam mit ihrem Mann die Landwirtschaft und eröffnete einen Hofladen. Auf den Wunsch der Kunden hin entwickelten sich Koch- und Brotbackkurse.

Irene KRAMER, geb. 1914; vorerst Haushalts- und Wanderlehrerin in Kärnten, anschließend 10 Jahre lang Bäuerin, danach wieder im Schuldienst (Berufsschullehrerin, Leiterin der Hauswirtschaftsschule Thürn im Lavanttal, Lehrerin an der Höheren Bundeslehranstalt für wirtschaftliche Frauenberufe in Pitzelstätten bei Klagenfurt). † 1993.

ISBN 3-7020-0875-6
Alle Rechte der Verbreitung, auch durch Film, Funk und Fernsehen, fotomechanische Wiedergabe, Tonträger jeder Art, auszugsweisen Nachdruck oder Einspeicherung und Rückgewinnung in Datenverarbeitungsanlagen aller Art, sind vorbehalten.
© Copyright by Leopold Stocker Verlag, Graz 1992
4., erweiterte Auflage, Graz 2000; Nachdruck 2003
Printed in Austria
Layout: Klaudia Aschbacher, Gratkorn
Gesamtherstellung: Druckerei Theiss GmbH, A-9431 St. Stefan

INHALTSVERZEICHNIS

VORWORT	11
ABKÜRZUNGSVERZEICHNIS SOWIE DIE WICHTIGSTEN BEGRIFFSERKLÄRUNGEN	12
GETREIDEBESCHREIBUNG	13
Das Getreidekorn	13
Getreidearten	14
ALLGEMEINES ÜBERS BROTBACKEN	17
Schematischer Ablauf des Brotbackens mit Sauerteig	17
Zubereitung des Grundsauerteiges	20
Aufbewahrung des Sauerteiges	20
Tips zur Zubereitung des Teiges mit Germ (Hefe)	21
Dampfl	22
Aufbewahrung der Germ (Hefe)	22
Schematischer Ablauf des Brotbackens mit Spezial-Backferment	22
Zubereitung des Ansatzes mit Spezial-Backferment	23
Aufbewahrung des Ansatzes mit Spezial-Backferment	23
Grundmengen für Sauerteig, Germ (Hefe), Spezial-Backferment	24
Tips zum Kneten des Teiges	25
Tips zum Gehenlassen	26
Gehzeiten	26
Flüssigkeiten	26
Die Gewürze	27
Grundmenge	27
Spezialzutaten	28
Tips zum Backen	28
Tips zum Backofen	29
Tips zur Anheizzeit	30
Tips zum Backen im Römertopf	30
Tips zum Backen mit dem Brotback-Automaten	31
Aufbewahrung der Brote und des Gebäcks	31

REZEPTE MIT SAUERTEIG UND VOLLMEHL 33

Hausbrot I 34
Hausbrot II 35
Dinkelbrot 35
Dinkel-Weizenbrot 36
Gesundheitsbrot 36
Vollsojabrot 37
Schrotbrot, grob 37
Schrotbrot – Kastenform 38
Sonnenblumenbrot von Fr. Bugl 39
Sonnenblumenbrot 40
Vollkornbrot 40
Bauernvollkornbrot 41
Buttermilchvollkornbrot 41
Vollkornbrot der landwirt. Fachschule Drauhofen .. 42
Roggenbrot von Fr. Bugl 42
Salamibrot 43
Käsebrot 43
Fünfkorn-Fruchtbrot 44
Sauerteigblitzbrot 44
Karottenbrot 45
Leinsamenbrot 45
Sauerkrautbrot 46
Bierbrot 46
Walnußbrot 47

REZEPTE FÜR BROTE MIT SPEZIAL-BACKFERMENT
(DIÄTBROTE) 49

Dreikornbrot mit Spezial-Backferment 50
Sonnenblumenbrot mit Backferment 50
Nußbrot mit Spezial-Backferment 51
Früchtebrot mit Spezial-Backferment 51

REZEPTE FÜR BROTE MIT GERM 53

Helles Vollkornbrot in Kastenform 54

Dinkelbrot in Kastenform	54
Dinkelbrot von Fr. Bugl	55
Käsebrot	56
Käsekräuterbrot	57
Sonnenblumenbrot	58
Kürbiskernbrot	58
Buchweizenbrot	58
Grünkernvollkornbrot	59
Kleiebrot	59
Maisbrot I	60
Fleck – Erntegebäck aus Kärnten	60
Zucchinibrot	61
Topfenbrot	62
Baguette	63
Toastbrot	63
Buttermilchbrot	63
Milchbrot	64
Milchbrot, fein	65
Bananenbrot	65
Früchtebrot	66

REZEPTE MIT SAUERTEIG UND AUSZUGSMEHL 67

Molkebrot der landw. Fachschule Drauhofen	68
Zwiebel- oder Speckbrot	68
Topfenbrot	69
Maisbrot II	69
Haferflockenwecken	70
Leinsamenbrot	70
Hausbrot	70
Knoblauchbrot	71
Kräuterbrot	71
Buttermilchbrot	72
Knäckebrot	73
Haferbrot	74
Einfaches Kletzenbrot	74
Weihnachtliches Kletzenbrot der HBLA Pitzelstätten	75

KLEINGEBÄCK (SALZ- UND SÜSSGEBÄCK) 77

Schematischer Ablauf der Teigzubereitung für Kleingebäck 78
Vorschläge zur Gebäckausformung 81
   Langsemmeln 81
   Kümmelweckerln 82
   Salzstangerln 82
   Kipferln 83
   Schnecken 84
   Mohnweckerln, einfach 84
   Mohnstriezerln 85
   Phantasiegebäck 85
   Partyräder 85
   Bäckersonne 86
   Rosinenlaibchen 86
   Käsestangerln 86
   Mohnweckerln, doppelt geschlungen 87
   Knopfsemmeln 88
   Bularknopf 90
   Wiener Knopf 91
   Mohnzöpfchen 93

REZEPTE FÜR KLEINGEBÄCK 95

Salz- und Weißgebäck 96
   Germteig – Grundteig für Kleingebäck 96
   Partystangerln 96
   Partyweckerln 97
   Schusterlaiberln 97
   Salzstangerln I 98
   Salzstangerln II 98
   Kümmelweckerln 98
   Dinkelkipferln 99
   Brötchen 99
   Frühstücksweckerln 100
   Käserollen 101
   Käsestangerln 101

Käsestangerln, fein	101
Käsebrötchen	102
Käseweckerln	102
Semmelweckerln	103
Leinsamenweckerln I	103
Leinsamenweckerln II	104
Semmeln	105
Mohnsemmeln	106
Sesamsemmeln	106
Pizzabrötchen	106
Zwiebelbaguette	107
Zwiebelfladen	107
Zwiebelweckerln mit Buttermilch	108
Zwiebelgebäck	108
Vollkornweckerln	109
Einfache Weckerln von Fr. Brantl	109
Anisweckerln	109
Grissini	110
Maiskräcker	110
Schneller Maisfladen	111
Roggenrahmflecken	111
Buttermilchweckerln	112
Buttermilchzöpfchen	112
Jourgebäck	113

Süßgebäck ... 114

Rosinenweckerln I	114
Rosinenweckerln II	114
Rosinenweckerln von Fr. Brantl	115
Feines Rosinenbrot (-brötchen)	115
Sonntagsweckerln	116
Süße Weckerln	116
Osterpinze I	117
Osterpinze II	117
Kaffeebrot	118
Süßer Milchstollen	118

DER STRIEZEL (ZOPF) 119

Striezel-Rezept 120
Verschiedene Arten des Striezelflechtens 121
Vierstrangzopf (flache Form) 121
Vierstrangzopf (hohe Form) 123
Gerippter Fünfstrangzopf 124
Fünfstrangzopf mit Wechselstrang 125
Wiener Sechsstrangzopf 126
Achtstrangzopf 128

Vorwort

Brot zählt zu den wertvollsten und ältesten Grundnahrungsmitteln des Menschen. Es verleiht natürliche Kraft und Vitalität und ist in unserer ernährungsbewußten Gesellschaft vom täglichen Speiseplan nicht mehr wegzudenken.

Brot sollte – ähnlich wie Tee – genossen und nicht „konsumiert" werden.

In einer Zeit, da wir uns wieder mehr an alten Werten orientieren und „Selbstgemachtes" „in" wird, entdecken daher auch immer mehr Menschen den ernährungsphysiologischen Wert von selbstgebackenem Brot.

Dieses Buch soll einen Beitrag dazu leisten, den Spaß am Brotbacken neu aufleben zu lassen und die hierfür notwendigen Ratschläge sowie eine Fülle von Rezepten anbieten.

Frühjahr 2000   *Marianne Dam*

Abkürzungsverzeichnis sowie die wichtigsten Begriffserklärungen

1 EL	=	1 Eßlöffel		
1 TL	=	1 Teelöffel		
1 MSP	=	1 Messerspitze		
1 Hdv.	=	1 Handvoll		
1 Stamperl	=	1 Gläschen	=	2 cl

Begriffserklärungen

Schrot: bedeutet Vollkornmehl, grob gemahlen
Vollmehl: bedeutet Vollkornmehl, ganz fein vermahlen
Mehl: bedeutet Auszugsmehl, ohne Kleie, übliches Mehl unter glatt und griffig im Handel

Dampfl	=	Hefeansatz
Germ	=	Hefe
Kipferl	=	Hörnchen
Schlagobers	=	Schlagsahne
Semmel	=	Brötchen
Simperl	=	Körbchen (Formen) für Brotteig
Striezel	=	Zopf
Topfen	=	Quark

GETREIDEBESCHREIBUNG

Das Getreidekorn

Das Getreidekorn besteht im wesentlichen aus den äußeren Randschichten, der darunterliegenden Aleuronschichte, dem Keimling sowie dem Mehlkörper.

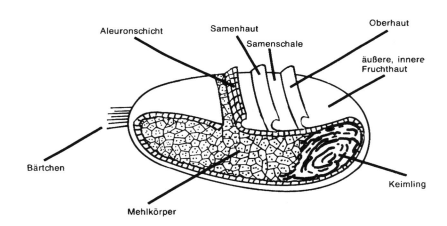

Die äußeren Randschichten
Sie bestehen aus Zellulose und schließen eine Vielfalt von Mineralstoffen ein.
Die wichtigsten davon sind: Kalium, Calcium, Natrium, Phosphor, Eisen, Fluor, Magnesium, Mangan, Schwefel, Silicium u.a. Diese Randschichten sind für den menschlichen Organismus nahezu unverdaulich, fördern jedoch die Darmtätigkeit.

Die Aleuronschicht
Sie besteht aus würfelförmigen Zellen und enthält hochwertiges Eiweiß sowie wichtige Vitamine, wie B_1, B_2, B_6, Folsäure, weiters Paraaminosäuren, Cholin, Inosit u.a. Diese Aleuronschichte verleiht dem Mehl seine Hochwertigkeit.

Der Keimling
Er enthält 25% des Getreideeiweißes, ein hochwertiges Eiweiß, auf das man in der vollwertigen Ernährung nicht verzichten kann. Dieses Eiweiß besitzt jedoch keine Kleber-

eigenschaften. Der Keimling enthält weiters ungesättigte und hochgesättigte Fettsäuren wie Öl- und Linolsäure, Fettbegleitstoffe, Lezithine, Vitamine der B-Gruppe, Vitamin E und Vitamin F. Auch der im Keimling enthaltene Mineralstoff- und Spurenelementegehalt ist hoch.

Der Mehlkörper
enthält Stärke, Klebereiweiß und phosphorhältige Bestandteile. Er ist arm an Vitaminen, Mineralstoffen sowie an essentiellen Gehaltstoffen. Das Klebereiweiß, 75% des Gesamteiweißgehaltes, ist nicht vollwertig, es ist aber zur Bindung der Teige notwendig. Die Mehlbestandteile sind reine Stärke.

Getreidearten

Weizen
Weichweizen liefert neben Dinkel gut backfähige Mehle, die sich besonders zur Herstellung von Brot, Gebäck, Feinbackwaren und Mehlspeisen eignen.
Hartweizen eignet sich besonders zur Herstellung von Teigwaren.

Roggen
Roggen stammt vom Bergroggen (Wildform) ab und gedeiht auch noch in kälteren und kärglicheren Gegenden, wo kein Weizen mehr wächst.
Die Backfähigkeit ist eher schlechter, da er einen geringeren Klebergehalt aufweist. Deshalb wurde Roggen meist mit Weizen oder Dinkel vermischt.
Will man jedoch reines Roggenvollkornbrot, so sind eine höhere Versäuerung und eine längere Gehzeit des Teiges notwendig.
Reines Roggenbrot ist schwer verdaulich.
Wird Dinkel-(Weizen-) mit Roggenmehl gemischt, ergibt das die saftigsten und geschmacklich die besten Brote.

Hafer
Hafer gedeiht auch in Gegenden mit kühlerem Klima und zeichnet sich durch einen hohen Nährwert aus. Er wird für Mischbrote (zum Beispiel Sechskornbrot) verwendet und ist reich an Vitaminen und Zellulose.

Gerste
Bei dieser Getreideart handelt es sich um eine sehr alte Kulturpflanze; Gerstenbrot

Getreidebeschreibung

(Fladenbrot) und Gerstenbrei bildeten lange Zeit einen wesentlichen Bestandteil der Ernährung unserer Vorfahren. Auch Gerste eignet sich zur Anreicherung von Mischbroten.

Dinkel

Der Dinkel, auch Spelt oder Korn genannt, stammt gemeinsam mit dem Weizen von den Wildgräsern *Triticum discoides* und *Triticum tauschii* ab.

Etwa 8000 Jahre alt schätzt man die Grabstätten, in denen er gefunden wurde. Weizen kam „erst" vor ca. 5000 Jahren aus dem asiatischen Raum zu uns.

Eine besondere Eigenart des Dinkels ist der Spelz, der ihn als Hülle umgibt. Das erfordert, was seine Verwendung anlangt, einen zusätzlichen Arbeitsgang, nämlich die Trennung von Spelz und Korn, was einst als Nachteil angesehen wurde. Heutzutage gereicht uns dieser Umstand eher zum Nutzen, da der Dinkel durch seine Spelzhülle im Vergleich zu anderen Getreidearten weitaus weniger mit Umweltgiften in Berührung kommt, denn mit dieser Spelzhülle werden auch die Gifte entfernt.

So zeigte sich etwa beim Dinkel 1986 – nach der Tschernobyl-Katastrophe – eine vergleichsweise sehr geringe radioaktive Belastung.

Dinkelanalysen haben einen hohen und ausgewogenen Gehalt an essentiellen Aminosäuren, einen ebenfalls hohen Gehalt an essentiellen Fettsäuren und bestimmten B-Vitaminen ergeben.

Überdies wirkt Dinkel im Körper eisenanreichernd.

Vollweizenmehl kann den Eisenspiegel halten, Weißmehle hingegen senken ihn.

Wie hoch Dinkel bereits im Mittelalter eingeschätzt wurde, zeigt seine positive Beschreibung im Buch der hl. Hildegard über die Heilmittel (Physica): Darin mißt sie dem Dinkelkorn neben seiner positiven Wirkung auf die Physis auch eine positive Beeinflussung der menschlichen Psyche bei.

Moderne Laboranalysen bewerten den Dinkel aufgrund seines hohen Kleber- und reichen Vitamingehalts auch höher als etwa den Weizen.

ALLGEMEINES ÜBERS BROTBACKEN

Brot und Kleingebäck werden vor allem aus Dinkel-, Weizen- oder Roggenmehl zubereitet.

Als Teiglockerungsmittel finden Germ (Hefe), Sauerteig oder Spezial-Backfermente Verwendung, wobei Brote – mit Sauerteig verarbeitet – einen herzhaften, kräftigen Geschmack aufweisen. Es gilt nur, sich das erstemal zu überwinden, um einen Sauerteig herzustellen.

Sie werden überrascht sein – beim Lesen erscheint die Herstellung mühevoller, als es tatsächlich ist.

Dinkel- oder Weizenvollkornbrote kann man auch mit Germ zubereiten. Bei Kleingebäcken wird ausschließlich Germ verwendet.

Trockenhefe ist der Frischhefe gleichzustellen, sie ist problemlos erhältlich und über längere Zeit haltbar, damit also immer zur Hand.

Die Mengenangaben und Anwendung sind genauso einzuhalten wie bei Frischhefe.

Will man jedoch andere Getreidearten in kleineren und größeren Mengen dazumischen (Hafer, Hirse, Gerste, Mais), ist es ratsamer, mit Spezial-Backferment zu arbeiten.

Dieses ist in Naturkostläden erhältlich.

Brote mit Spezialferment sind auch für den Anfänger einfach herzustellen. Temperaturunterschiede und längeres Stehen können dem Ansatzteig nichts anhaben. Dieses Brot ist auch für magenempfindliche Menschen gut verträglich.

Schematischer Ablauf des Brotbackens mit Sauerteig

1. Sauerteig

200 g Roggenmehl, Wasser und Grundsauerteig zu einem dicklichen Brei verrühren. 12 Std. bei ca. 35° C stehen lassen. Danach wieder einen Teil, ca. 150 g, fürs nächste Sauerteigansetzen wegnehmen und aufbewahren (s. Aufbewahrung).

2. Hauptteig

Den Rest vom Sauerteig und die trockenen Zutaten laut Rezept in eine Rührschüssel geben, nun die Flüssigkeit hinzufügen und entweder mit der Hand gut

Allgemeines übers Brotbacken

mischen und ca. 30 Min. kneten, oder mit der Knetmaschine 10 Min. auf der langsamsten Stufe kneten.

Salz
Sauerteig
Germ
Vollmehl

3. Teig gleich in der Schüssel 2 bis 3 Std. gehen lassen. Der Teig muß gut gegangen sein, nicht aber über 6 Std. lang gehen lassen, da er sonst aufgrund der veränderten Kleberqualität an Standfestigkeit verliert.

4. Teig nochmals kneten.

5. In beliebige Stücke teilen.

Allgemeines übers Brotbacken

6. Jedes Teigstück nochmals mit der Hand kneten (wirken).

7. Laibe oder Wecken formen, in bemehlte Simperl (Formen) legen.

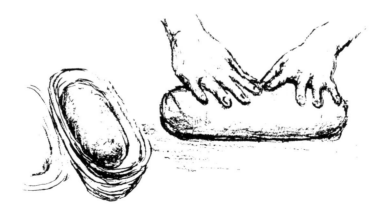

8. Brote gehen lassen, bis sich der Teig gut sichtbar wölbt (ca. 20 Min.). Vorsicht! Nicht zuviel gehen lassen, sonst fällt das Brot im Backrohr zusammen, da es keine Kraft mehr für den Ofentrieb hat. Jetzt ist es auch an der Zeit, das Backrohr einzuschalten. Ist dieses heiß, sind die Brote meistens gut gegangen.

9. Backen laut Rezeptangaben.

Allgemeines übers Brotbacken

Zubereitung des Grundsauerteiges

Wie fange ich an?
Wie komme ich zu einem Grundsauerteig?
Dieser Teil der Vorbereitung ist nur einmal notwendig, weil er danach immer wieder vom Vorteig weggenommen und immer wieder angesetzt wird.
Um einen guten Grundsauerteig zu erhalten, sind unbedingt 3 Stufen notwendig.

1. 100 g Roggenmehl
   ca. 100 ml gut warmes Wasser
   Sauerteigansatz vom Naturkostladen
   Diese Zutaten zu einem dicklichen Brei verrühren, 12 Std. stehen lassen, Wärme ist unbedingt notwendig.
2. Wieder 100 g Roggenmehl und 100 ml gut warmes Wasser dazu rühren. Diesen Brei ca. 6 Std. stehen lassen. Danach zeigt sich eine Gärung sehr gut.
3. Erneut 100 g Roggenmehl sowie 100 ml gut warmes Wasser dazu rühren. Nochmals 3 bis 6 Std. stehen lassen. Dieser Grundsauerteig riecht nun leicht säuerlich und ist blasig aufgegangen.

Aus dieser Menge Grundsauerteig entnehmen Sie nun ca. 200 g und bewahren diese Menge auf (siehe Aufbewahrung). Den Rest geben Sie weg oder verbacken Roggenweckerln damit. Warum soviel ansetzen, wenn nur eine kleine Menge benötigt wird? Die Antwort ist einfach: Die Qualität des Sauerteiges ist damit gesichert und der Erfolg bleibt weniger dem Zufall überlassen, weil es weniger Fehlgärungen gibt. Nachdem dies nur das 1. Mal notwendig ist, ist der Verlust nicht so groß.

Aufbewahrung des Sauerteiges

Aus der Mitte des Vorteiges wird für das nächste zu backende Brot Sauerteig entnommen (je nach Rezept verschieden).
Dieser Sauerteig wird mit etwas Roggenvollmehl zu einem mittelfesten Teig geknetet und dann

1. dünn ausgewalkt auf einem Papier auf der Heizung oder in der Sonne getrocknet. Danach wird er zerbröselt und dann wieder nachgetrocknet.
   Im Papiersackerl ist dieser Sauerteig nun bis zu einem Jahr haltbar.
   Zum Vorteig die getrockneten Sauerteigstückchen in etwas mehr Wasser einweichen als angegeben ist.

Allgemeines übers Brotbacken

2. Im Schraubglas ist er im Kühlschrank bis zu vier Wochen haltbar.
3. Ausgewalkt eingefroren, hält er sechs Monate.
   Wenn er benötigt wird, geben Sie ihn in lauwarmes Wasser, danach mit Mehl verrühren und über Nacht warm stellen.

Riecht der Sauerteig nach längerer Zeit zu scharf, so haben die Essigsäurebakterien überhandgenommen. In diesem Falle empfiehlt es sich, einen neuen Sauerteig zu machen.
Merkt man, daß die Triebkraft des Sauerteiges nachgelassen hat, so gibt man beim Ansetzen des Vorteiges 20 g Germ dazu und kann wie gewohnt weiterarbeiten.

Tips zur Zubereitung des Teiges mit Germ (Hefe)

Für die Teigzubereitung mit Dinkel- oder Weizenvollkornmehl zur Herstellung von Brot und Kleingebäck eignet sich die Germ (Hefe) sehr gut.
Eine Ausnahme bilden die Roggenvollkornteige, da diese zu schwer sind.
Bei Brotteigen mit Germ kann man den gegangenen Hauptteig zusätzlich ein- bis dreimal zusammendrücken, öfter jedoch nicht, da sonst der Ofentrieb zu schwach wird. Durch das Zusammendrücken wird das Brot standfester, und das Gebäck wird leichter formbar.
Backen mit Germ / Hefe ist auch für den Anfänger nicht schwierig.
Frischvermahlenes Mehl ist ideal, da es leicht warm ist. Diese Wärme wirkt sich bei der Gärung vorteilhaft aus.
Ich persönlich füge gerne Germ zum Sauerteig hinzu: 10 g Germ auf 1 kg Vollmehl gleich am Abend zur Sauerteigbereitung oder 30 g Germ auf 1 kg Vollmehl zum Hauptteig dazugeben. Der Brotteig geht dadurch schneller und wird zusätzlich aufgelockert. Frische Germ bröselt man möglichst fein ins Mehl.
Salz und Sauerteig sollten Sie auf der anderen Seite hineingeben. Salz, direkt auf der Germ, wirkt sich gärhemmend aus.
Beim Mischen und Kneten des Teiges verteilt und löst sich die Germ restlos auf. Trockengerm ist genauso zu verwenden wie Frischgerm.
Bei Verwendung älterer, an den Rändern trocken und braun gewordener Germ sollten Sie ein Dampfl bereiten.

Allgemeines übers Brotbacken

Dampfl

Das Mehl wird in eine Schüssel gegeben und in der Mitte ein Grübchen gemacht. In dieses Grübchen bröselt man die Germ hinein, gibt lauwarmes Wasser (von der im Rezept angegebenen Menge) dazu, rührt mit etwas Mehl vom Grübchenrand ein breiiges Teigerl ab.
Dieses läßt man so lange warm stehen (Zimmertemperatur – nicht zu heiß, bei 40° C stirbt die Germ ab), bis das Dampfl gupfartig aufgegangen ist.

Aufbewahrung der Germ (Hefe)

Sie kann in Alufolie verpackt zwei Wochen im Kühlschrank aufbewahrt werden. Germ kann auch eingefroren werden.
Bei Verwendung vorher herauslegen und mit wenig lauwarmem Wasser anrühren. Trockengerm hält sich bis zu einem Jahr!

Schematischer Ablauf des Brotbackens mit Spezial-Backferment

1. Ansatz
Backfermentpulver mit Wasser verrühren, mit Mehl zu einem weichen Teig verkneten. Warm stellen (Ofen) – 24 Stunden stehen lassen.
Wieder Wasser, Mehl dazuverkneten, bis ein mittelfester Teig entstanden ist, anschließend wieder 24 Stunden im Ofen warm stellen.
Entfällt, wenn der Ansatz schon vorhanden ist!

2. Vorteig
1 EL Ansatz und 1 TL Backfermentpulver mit Wasser und Mehl verrühren, 12 Stunden bei Raumtemperatur stehen lassen.

3. Hauptteig
Mehl, Salz, Gewürze, Vorteig, lauwarmes Wasser mischen und verkneten.
Gehen lassen, bis das Volumen fast verdoppelt ist! Dann nochmals durchkneten, den Teig nun formen, in bemehlte Simperl oder eine Kastenform legen und gehen

lassen, bis sich Risse zeigen und der Teig sich gut wölbt. Anschließend wird der Teig auf ein Blech gestürzt, bestrichen und gebacken!

Aus Zeitmangel können Sie den Teig auch nur einmal gehen lassen oder eventuell auch sofort in den gewässerten, getrockneten, befetteten Römertopf geben und ungegangen ins kalte Rohr stellen, dann backen.

Zubereitung des Ansatzes mit Spezial-Backferment

1. 20 g Spezial-Backfermentpulver mit ca. 120 cm^3 warmem Wasser verrühren. Danach gibt man 50 g Dinkel- oder Weizenvollmehl und 50 g Dinkel- oder Weizenauszugsmehl (ohne Kleie) dazu.
Das wird nun zu einem weichen Teig verrührt.
Falls sich Wasser absondert, mit Mehl stauben und nochmals verrühren. Dieser Teig bleibt nun 24 Stunden im warmen Raum stehen.

2. Dem Teig wird nun 180 cm^3 warmes Wasser, 150 g Dinkel- oder Weizenvollmehl und 150 g Dinkel oder Weizenauszugsmehl zugefügt und das Ganze vermengt. Dieser Teig sollte nun mittelfest sein und bleibt wieder 24 Stunden warm stehen. Durch die Gärung ist der Teig um das Doppelte gewachsen.

Wenn Sie ihn nicht gleich verbacken, so bewahren Sie ihn auf.

Aufbewahrung des Ansatzes mit Spezial-Backferment

Im Kühlschrank in einem Schraubglas hält sich dieser Ansatz gut ein halbes Jahr. Die Oberfläche kann sich grau verfärben; es sind nur arteigene Hefepilze, und der Ansatz ist somit ohne weiteres verwendbar.

Allgemeines übers Brotbacken

Grundmengen für Sauerteig, Germ (Hefe), Spezial-Backferment

Grundmengen für Sauerteig

1 kg Vollmehl	*100 g Sauerteig*	bei großer Mehlmenge und langer Rastzeit
1 kg Vollmehl	*200 g Sauerteig*	bei kleiner Mehlmenge und kurzer Rastzeit

Grundmengen für Germ (Hefe)

1 kg Vollmehl	*20 g Germ*	bei größeren Mehlmengen und langer Rastzeit
1 kg Vollmehl	*40 g Germ*	bei kleinerer Mehlmenge und kurzer Rastzeit
1 kg Vollmehl	*60 g Germ*	bei schweren Teigen
1 kg Vollmehl	*20 g Germ*	zusätzlich zum Sauerteig

Germ beschleunigt die Sauerteiggärung, frischt die Hefen im Dampfl auf und reichert das Brot mit Vitamin B an.

Grundmengen für Spezial-Backferment

1,5 kg Vollmehl	*1 EL Ansatz*	selbstgemacht laut Anleitung
	1 TL	Spezial-Backfermentpulver

Zum Backen ist immer beides notwendig!

Tips zum Kneten des Teiges

1. Teig mischen
Alle Zutaten werden zum Mehl gegeben. Wichtig ist, daß man kein Salz direkt auf die Germ oder den Sauerteig gibt.
Dann beginnt man mit dem Mischen des Teiges. Gutes Mischen erleichtert und verkürzt den Knetvorgang.
Nun prüft man die Teigfestigkeit, in diesem Zustand kann die Teigmasse noch am leichtesten korrigiert werden.
Dies entfällt, wenn eine Knetmaschine vorhanden ist. (Vorsicht: Belastungsgrenze der Küchenmaschine beachten!)

2. Teig kneten
Kneten ist der Vorgang, welcher den Teig glättet, ein gleichmäßiges Gefüge schafft und alle Zutaten innig miteinander verbindet.
Bei regelmäßigem Brotbacken ist eine Knetmaschine angebracht. Wichtig: keine zu hohe Geschwindigkeit!
10 Minuten gut mischen, aber nicht schlagen! Bei Kleingebäcken ist jedoch gutes kräftiges Schlagen notwendig. Je mehr Blasen der Teig wirft, desto feiner wird das Gebäck.
Den fertig gekneteten, glatten Teig gehen lassen (auf schwach doppeltes Volumen).

3. Teig wirken
Wirken ist das 2. Kneten des Teiges. Der Teig wird nach Belieben ausgewogen oder geteilt. Nun wird Stück für Stück nochmals durchgeknetet. Danach wird es geformt, in bemehlte Simperl oder befettete Kastenformen gelegt.
Nach dem Gehenlassen (gute Wölbung, Risse) backen!
Außer beim Römertopf: Der Teig kommt ungegangen ins kalte Rohr!

Tips zum Gehenlassen

Eine höhere Temperatur über längere Zeit ist notwendig:
- bei der Herstellung des Sauerteiges,
- des Ansatzes mit Spezial-Backferment

Dies können Sie gewährleisten, indem Sie den Backofen 15 Minuten auf 120° C aufheizen und dann abschalten.
Die Teigschüssel mit dem Teig in eine dicke Decke einschlagen und in den Ofen stellen (z. B. über Nacht).
Fürs Gehenlassen der Hauptteige ist warme Zimmertemperatur erwünscht.
Beim Einschießen des Brotes in den Backofen ist wichtig, daß das Brot gut gewachsen ist und Risse auf der Oberfläche zeigt. Ist das nicht der Fall, lassen Sie es noch stehen! Ist das Brot jedoch zuviel gegangen, schlagen sie es nochmals zusammen, da der Ofentrieb sonst nicht mehr erfolgen kann. Das heißt, das Brot fällt ein – hat keine Zeit und Kraft zum Aufgehen und wird flach.

Gehzeiten

Kleines Gebäck	10 Minuten	
Größeres Gebäck	20 Minuten	je nach Raumtemperatur
Brote	30–60 Minuten	

Flüssigkeiten

Wasser

Hartes Wasser eignet sich besser als weiches. Es fördert die Quellung und erhöht damit die Teigausbeute. Die Temperatur des Wassers sollte um 35 bis 40° C liegen. Dadurch geht der Teig schneller und leichter.
Das Wasser darf niemals zu heiß sein, da die Hefezellen darunter leiden und die Gärung hinausgezögert wird. (Ab 40° C sterben die Hefezellen ab.)
Kaltes Wasser verwendet man dann, wenn man schon am Abend vor dem Brotbacken den Teig bereitet und ihn über Nacht stehenläßt.
Kaltes Wasser wird auch bei kaltgeführten Germteigen verwendet (siehe Rezepte). Die Wassermenge hängt ab von der Kleberqualität, vom Vermahlungsgrad der Mehle und Schrote sowie den zusätzlichen Zutaten (Körner, Flocken usw.).

Allgemeines übers Brotbacken

Bei Verwendung von Vollkornmehlen ist es vorteilhaft, nach der Quellfähigkeit und Kleberqualität zu fragen (Untersuchung in der Müllereianstalt).

Milch- und Milchprodukte
Diese werden vorwiegend zu Dinkel- oder Weizenbroten dazugemischt. Sauermilch, Molke, Buttermilch, Sauerrahm werden oft zusätzlich als Teiglockerungsmittel bei Germteigen zugefügt (zwecks besserer Versäuerung, Teiglockerung).

Die Gewürze

Geschmacksrichtung sowie Verwendungsmenge der Gewürze sind individuell verschieden.

GRUNDMENGE

10 bis 20 g = 1 EL Salz bei 1 kg Vollmehl
2 TL Gewürze bei 1 kg Vollmehl

Salz hilft auch bei der Versäuerung des Teiges mit – es hat also auch eine Lockerungswirkung. Salz kann zwar reduziert, aber nicht weggelassen werden, sonst muß man sich mit schwerem, flacherem Brot zufriedengeben (salzlose Diät).

Brotgewürze
Kümmel, Fenchel, Anis, Koriander, Kardamom, Kräuter kann man einzeln oder in Gemischen verwenden.
Frisch gemahlen, haben sie einen intensiven Geschmack und sind ausgiebiger.
Die Gewürze können Sie gleich mit dem Getreide mitvermahlen.
Wichtig: Nach den Gewürzen immer reines Getreide vermahlen, sonst verkleben sich die Mahlsteine.
Gewürze enthalten nicht nur Geschmacksstoffe, sondern sind auch vorzügliche Mittel zur besseren Verdauung und wirksame Gegenmittel gegen Blähungen.
Kümmel und Fenchel können in größeren Mengen dazugegeben werden. Sie können gemahlen oder im Ganzen verwendet werden. Die übrigen Brotgewürze sind sehr geschmacksintensiv und werden daher in kleineren Mengen – Angaben in Form von Messerspitzen – verwendet.

Allgemeines übers Brotbacken

Spezialzutaten

Leinsamenkerne
werden entweder im Ganzen oder mit dem Getreide vermahlen dazugemischt.

Sonnenblumenkerne, Kürbiskerne
werden im Ganzen im Teig mitverknetet. Der Teig kann auch in den Kernen gewälzt werden.

Gersten-, Maismehl
ist nur als Zusatz möglich, da das Brot bei zu hohem Anteil zu flach wird. Als Spezialgebäck und Fladen schmecken sie jedoch frisch sehr gut.

Pflanzliche Keime
können selbstgezogen werden oder sind im Reformhaus erhältlich. Sie werten Ihr Brot zusätzlich mit Vitaminen, Mineralstoffen, hochwertigen Fettsäuren und Lezithinen auf, wobei ich den selbstgezogenen Keimen den Vorzug gebe. Richtige Verwendungszeit, wenn die Keimspitzen anfangen, grün zu werden – höchster Vitamingehalt!

Kräuter, Speck, Zwiebel, Grammeln, Käse usw.
Diese Zutaten geben dem Brot einen speziellen Geschmack. Brote können zusätzlich in Kürbis-, Sonnenblumenkernen, Sesam, Haferflocken, Leinsamen gewälzt werden.
Achtung: Bei Verwendung all dieser Spezialzutaten ist die Flüssigkeit zu reduzieren, denn diese können kein Wasser binden, dadurch kann der Teig oft zu weich werden.

Tips zum Backen

Das geformte und gegangene Brot wird auf das Blech gestürzt, bzw. der Teig in der Kastenform wird aufs Blech gestellt. Danach sollten Sie mit Wasser bepinseln.
Ich persönlich gieße ca. ⅛ l Wasser in das Backrohr, damit genug Wasserdampf im Ofen erzeugt wird. Dadurch wird das Brot locker und leicht. Dies ist jedoch nur im Haushaltsherd notwendig.
Bei richtigen Brotbacköfen ist eine Schweleinrichtung vorhanden (schwelen = eindampfen).

Allgemeines übers Brotbacken

Nun schießen Sie das Brot ins vorgeheizte Backrohr ein: 10 Minuten bei 250° C backen, dann zurückschalten und 60 Minuten bei 190° C fertigbacken.
Dies gilt bei 1-kg-Wecken, bei 1-kg-Laiben.
Und 2-kg-Wecken lassen Sie um 15 Minuten länger backen.
2–3-kg-Laibe backen Sie bis zu zwei Stunden.
Um genau 1-kg-Brote aus dem Backofen nehmen zu können, müssen Teigstücke mit 1,15 kg ausgewogen werden. (Wasserverlust beim Backen – wichtig für den Verkauf!)
Die hohen Anfangstemperaturen sind wichtig, um eine dünne knusprige Rinde und saftiges Brot zu erhalten.
Je tiefer die Anfangstemperatur, desto fester und trockener wird das Brot!

Klopfprobe
Fertiggebackenes Brot klingt hohl – bei dumpfem Klang weiterbacken!

Tips zum Backofen

Der Elektroofen, welcher ein-, zwei- oder dreietagig hergestellt wird, ist einfach zu bedienen, verursacht keinen Schmutz, nimmt wenig Platz ein und sollte wegesparend aufgestellt werden. In Österreich gibt es einige Firmen, welche sehr gute E-Backöfen erzeugen.
Gute Holzbacköfen sollte man weiterverwenden, wenn die Größe, die Holzaufbereitung und die Bedienung entsprechen.
Durch gleichbleibende, gespeicherte Hitze bäckt das Brot gleichmäßig; es werden Rindenfehler eher vermieden. So ein alter Holzbackofen ist arbeitsaufwendiger.
Es gibt aber moderne Holzbacköfen, die viel einfacher zu handhaben sind, da sie indirekt beheizt werden. Das heißt, daß Back- und Heizraum getrennt sind und sich die Backtemperatur durch eine Rauchgasklappe steuern läßt.
Auch im Haushalt kann Brot in der Backröhre des E-Herdes bzw. in der Röhre des Sparherdes gebacken werden. Man bäckt das Brot auf befetteten oder bemehlten Blechen.
Hat man die Absicht, kontinuierlich Brot zu backen, dann ist die Anschaffung von Schamottziegeln empfehlenswert. Zwei in die Röhre passende, eng aneinanderliegende Schamottziegel mit einer Stärke von ca. 2 cm legt man vor dem Einschalten in die Röhre und bäckt darauf das Brot. Man benötigt dazu noch ein geeignetes Brett, um die Brote gefahrlos auf die Ziegel auflegen zu können.

Allgemeines übers Brotbacken

Tips zur Anheizzeit

1. Bei E-Backöfen
beträgt die Anheizzeit etwa 30–50 Minuten. Der Ofen wird also eingeschaltet, ehe man den Brotteig formt.

2. Bei alten Holzbacköfen
wird meist nach dem Kneten des Brotteiges eingeheizt. Das Holz wurde nach dem letzten Backen schon in den Ofen gegeben, damit es austrocknen konnte. Wenn das Holz vollkommen verbrannt ist, verteilt man die Glut auf die Backofenfläche und sperrt den Ofen ab. Nach dem Wirken der Brote werden Glut und Asche ausgeräumt und die Fläche mit einem feuchten Tuch gut gereinigt.

3. Bei modernen Holzbacköfen
mit gesondertem Heizraum beträgt die Anheizzeit – je nach Bauart – 30 Minuten bis 2 Stunden. Die Ascheentleerung erfolgt erst nach dem Erkalten des Ofens.

Tips zum Backen im Römertopf

Wollen Sie Ihr Brot jedoch im Römertopf backen, so geben Sie den Teig ungegangen hinein und schieben den Topf ins kalte Backrohr. Jeder Brotteig kann im Römertopf bzw. in der Kastenform gebacken werden. Für den Anfänger ist das Backen in der Form sicher zu empfehlen. Der Teig kann weicher verarbeitet sein und wird trotzdem schön und locker. Wichtig fürs Römertopfbacken ist, daß man den Topf und Deckel eine halbe Stunde vor Gebrauch ins Wasser stellt. Danach wird er getrocknet und gut mit Butter oder kaltgepreßtem Sonnenblumenöl eingefettet, damit das Brot nach dem Backen aus der Form geht.

Wenn Sie den Backofen gut ausnützen wollen, so kaufen Sie sich zwei Töpfe. Beim Backen stellen Sie die Töpfe ins kalte Backrohr (2. Schiene von unten), schalten dann auf 250° C und backen 40 Minuten.

Nun nehmen Sie den Deckel weg. Danach stellen Sie die Temperatur auf 190° C zurück und backen nochmals 50 Minuten.

Wenn die Zeit abgelaufen ist, schalten Sie ab und lassen das Brot noch 10 Minuten im Ofen stehen. Daraufhin stürzen Sie die Brote aufs Gitter und lassen sie abkühlen.

Allgemeines übers Brotbacken

Tips zum Backen mit dem Brotback-Automaten

Seit einigen Jahren sind Brotback-Automaten auf dem Markt, die das Herstellen von Brot im eigenen Heim sehr vereinfachen.
Man gibt hiezu die nötigen Zutaten in die Backform, und der Automat übernimmt nach dem Einstellen eines bestimmten Programmes die Teigbereitung, das Gehenlassen und das Backen bis hin zum fertigen Brot.
Wichtig ist es, die Gebrauchsanweisung genau zu studieren und die Anleitungen und geforderten Angaben einzuhalten.
Die Vorteile dieser Geräte liegen in ihrer einfachen Bedienung, der Einstellbarkeit verschiedener Programme und der Möglichkeit, daß die Teigbereitung und das Backen des Brotes in derselben Form geschehen können.
Ihr größter Nachteil ist, daß nur eine bestimmte Menge verarbeitet werden kann. Teig für Kleingebäck kann zwar mit dem Automaten hergestellt, gebacken muß aber im Herd werden.
Für die Herstellung von Brot in Backautomaten können alle gängigen Brotrezepte verwendet werden, es ist aber auf die Teigmenge zu achten. Zusätzlich sind fertige Brotbackmischungen im Handel erhältlich.

Aufbewahrung der Brote und des Gebäcks

Vollkorngebäck und -brote sind im allgemeinen länger haltbar und saftig.
Vom gesundheitlichen Standpunkt aus sollte erst einen Tag altes Brot gegessen werden.
- Im unglasierten Tontopf (wegen Luftaustausch unglasiert) hält es bis zu einer Woche frisch. Den Tontopf einmal in der Woche mit Essigwasser reinigen.
- Wollen Sie Ihr Brot jedoch länger aufbewahren, so frieren Sie es ein. Zum Verzehr legen Sie es über Nacht in die Küche (Zimmertemperatur). Am Morgen ist das Brot so saftig und schnittfest wie frisches Brot.
- Kleingebäck brauchen Sie nur eine halbe Stunde herauszulegen und dann erst im Ofen kurz aufzubacken; damit erhalten Sie weiches, knuspriges Gebäck. Legen Sie es jedoch gleich ins Backrohr, so bröselt es stark.

Wichtig ist, Brot bei Zimmertemperatur aufzubewahren (Tontopf), da es bei Temperaturen um 10° C am schnellsten austrocknet und daher altbacken wird.

Rezepte mit Sauerteig und Vollmehl

Rezepte mit Sauerteig und Vollmehl

HAUSBROT I

Zutaten

Dinkelschrot, grob	300 g	Germ	20 g
Wasser	300 ml	Salz	20 g
Dinkelvollmehl	200 g	Brotgewürz, gem.	1 EL
Weizenvollmehl	200 g	Fenchel, ganz	1 EL
Roggenvollmehl	200 g	Sojabohnen	150 g
Maisvollmehl	100 g	Sonnenblumenkerne	
Haferflocken	200 g	Leinsamen	je 1 EL
Wasser	½ l	Kürbiskerne	
Sauerteig	100 g		

Zubereitung

Dinkelschrot einweichen, daneben Sojabohnen mit Wasser bedeckt quellen lassen, sonst erfolgt die Verarbeitung wie Sonnenblumenbrot Seite 40.
Dieses Brot ist unsere Hausspezialität.

Hausbrot

HAUSBROT II

Zutaten

Roggenvollmehl	1,5 kg	Wasser	1 ¼ l
Roggenmehl	500 g	Salz	40 g
Weizenmehl	200 g	Gewürze	40 g
Sauerteig	200 g		

Zubereitung

Mehl und Gewürze mischen, im Mehl ein Grübchen machen und in dieses den mit ½ l warmem Wasser glatt gerührten Sauerteig und etwas Mehl breiig einrühren. Sobald der Sauerteig genügend aufgegangen ist, knetet man mit dem restlichen warmen Wasser den Teig gut ab und läßt ihn zwei Stunden rasten. Danach wird er zu drei Wecken gewirkt, dann nochmals gehen gelassen und gebacken.
Backzeit: 70 Minuten, Backtemperatur: 220° C

DINKELBROT

Zutaten

Dinkelschrot, grob	300 g	Germ	20 g
Wasser	300 ml	Salz	20 g
Dinkelvollmehl	900 g	Brotgewürz, gem.	1 EL
Wasser	½ l	Fenchel, ganz	1 EL
Sauerteig	100 g		

Zubereitung

Am Vorabend Dinkelschrot mit Wasser anrühren, daneben auch den Sauerteig in etwas Wasser und Mehl anrühren.
Am nächsten Tag alle restlichen Zutaten mitverkneten, den Teig rasten lassen, zwei Wecken formen, gehen lassen und backen.
Backzeit: 10 Minuten, Backtemperatur: 250° C, dann
50 Minuten, Backtemperatur: 190° C

Rezepte mit Sauerteig und Vollmehl

DINKEL-WEIZENBROT

Zutaten

Dinkelschrot, grob	300 g	Sauerteig	100 g
Wasser	300 ml	Germ	20 g
Dinkelvollmehl	300 g	Salz	
Weizenvollmehl	600 g	Brotgewürz	1 EL
Wasser	½ l	Fenchel, ganz	1 EL

Zubereitung

Dieses Brot geht sehr gut auf und hat eine gute Standfestigkeit. Ist kein Sauerteig vorhanden, so können Sie statt dessen 40 g Germ nehmen.
Verarbeitung wie Dinkelbrot Seite 35.

GESUNDHEITSBROT

Zutaten

Roggenvollmehl	1 kg	Salz	30 g
Roggenmehl	1 kg	Anis	30 g
Hefeflocken	100 g	Buttermilch	1 l
Weizenkeime	100 g	Keimöl	4 EL
Sauerteig	300 g	Wasser nach Bedarf	
Germ	30 g		

Zubereitung

Sauerteig, Germ mit ¼ l warmem Wasser und etwas Mehl glattrühren, das Dampfl ins Mehl geben. Nach dem Aufgehen den Teig mit den übrigen Zutaten mischen, das Öl am Schluß dazugeben und fest kneten. Nach dem Rasten den Teig zu drei Wecken ausformen, gehen lassen und backen.
Backzeit: 60 Minuten, Backtemperatur: 220° C

Rezepte mit Sauerteig und Vollmehl

VOLLSOJABROT

Zutaten
Roggenvollmehl	600 g	Germ	20 g
Roggenmehl	300 g	Salz	20 g
Vollsojamehl	200 g	Kümmel	20 g
Sauerteig	100 g	Wasser	¼–⅝ l

Zubereitung
Aus Sauerteig, Mehl und Germ rührt man mit Wasser das Dampfl ab, läßt es in einem Grübchen im gemischten Mehl aufgehen, mischt und knetet den Teig mittelfest. Nach dem Rasten wird der Brotteig nochmals geknetet, zu einem Laib gewirkt, rasten gelassen und gebacken.
Backzeit: 70 Minuten, Backtemperatur: 220° C

SCHROTBROT, GROB

Zutaten
Roggenschrot, grob	1,20 kg	Salz	100 g
Wasser, warm	1,2 l	Germ	80 g
Roggenvollmehl	3,50 kg	Fenchel, ganz	1 Hdv.
Sauerteig	500 g	Brotgewürz, gem.	1 Hdv.
Wasser, warm	2 l		

Zubereitung
Am Vorabend Roggenschrot und Wasser ansetzen. Daneben noch Sauerteig mit Mehl und etwas Wasser anrühren. Am nächsten Tag alle Zutaten laut Rezept zu einem Teig verkneten, rasten lassen, dann ca. sieben Wecken formen, wieder gehen lassen, anschließend backen.
Backzeit: 10 Minuten, Backtemperatur: 250° C, dann
  60 Minuten, Backtemperatur: 200° C

Rezepte mit Sauerteig und Vollmehl

Schrotbrot, grob

Schrotbrot – Kastenform

Zutaten

Roggenschrot	750 g	Germ	40 g
Weizenschrot	1 kg	Salz	2 EL
Weizenmehl	250 g	Gewürze, gem.	4 EL
Sauerteig	150 g	Wasser, warm	1⅛ l

Zubereitung
Am Abend Roggenschrot mit ¾ l warmem Wasser ansetzen. Nebenbei noch den Sauerteig in etwas Wasser und Mehl anrühren. Am nächsten Tag alle Zutaten verkneten und gehen lassen. Drei Wecken formen, gehen lassen und backen.
Backzeit: 70 Minuten, Backtemperatur: 220° C

Rezepte mit Sauerteig und Vollmehl

SONNENBLUMENBROT VON FR. BUGL

Zutaten

Roggenvollmehl	*1 kg*	*Germ*	*40 g*
Dinkelvollmehl	*1 kg*	*Salz*	*2 TL*
Sonnenblumenkerne	*200 g*	*Sauerteig*	*100 g*
Brotgewürz	*2 EL*	*Wasser*	*1½ l*

Zubereitung
Alle Zutaten mit warmem Wasser oder Molke zusammenkneten, den Teig über Nacht gehen lassen, dann Wecken formen, nochmals gehen lassen und backen.
Backzeit: 70 Minuten, Backtemperatur: 220° C

Sonnenblumenbrot

Rezepte mit Sauerteig und Vollmehl

SONNENBLUMENBROT

Zutaten

Dinkelschrot, grob	*300 g*	*Sauerteig*	*100 g*
Wasser	*300 ml*	*Germ*	*20 g*
Dinkelvollmehl	*300 g*	*Salz*	*20 g*
Roggenmehl	*600 g*	*Gewürze, gem.*	*1 EL*
Wasser	*½ l*	*Fenchel, ganz*	*1 EL*
Sonnenblumenkerne	*150 g*		

Zubereitung

Dinkelschrot, grob, und Wasser am Vorabend anrühren, Sauerteig und ein bißchen Wasser ebenfalls am Vorabend anrühren. Am nächsten Tag alle Zutaten zu einem Teig verkneten, ca. 2 Stunden gehen lassen, dann wieder verkneten. Den Teig in zwei Teile teilen und formen, in gestaubte Brotsimperl legen und ca. 20 Minuten gehen lassen, bis die Oberfläche deutliche Risse zeigt und sich wölbt. Den Teig in den vorgeheizten Ofen einschießen.
Backzeit: 10 Minuten, Backtemperatur: 250° C, dann
50 Minuten, Backtemperatur: 200° C

VOLLKORNBROT

Zutaten

Roggenvollmehl	*1 kg*	*Sauerteig*	*100 g*
Weizenvollmehl	*400 g*	*Salz*	*1 EL*
Weizenmehl	*400 g*	*Brotgewürz*	*2 EL*
Germ	*20 g*	*Wasser, warm*	*1 l + ⅛ l*

Zubereitung

Sauerteig zu Mittag in ⅛ l lauwarmem Wasser und wenig Mehl einweichen. Das Mehl laut Rezeptangabe vorbereiten. Am Abend in der Mitte des Mehles den aufgelösten Sauerteig eindampfeln. Über Nacht zudecken. Am nächsten Morgen die Germ in das Mehl bröseln. Mit den übrigen Zutaten einen Teig kneten, rasten lassen, drei Wecken formen, gehen lassen und backen.
Backzeit: 60 Minuten, Backtemperatur: 230° C

Rezepte mit Sauerteig und Vollmehl

BAUERNVOLLKORNBROT

Zutaten
Roggenvollkornmehl	*1,2 kg*	*Anis*	
Weizenvollkornmehl	*400 g*	*Kümmel*	*je 1 EL*
Sauerteig	*150 g*	*Fenchel*	
Wasser, warm	*1¼ l*	*Koriander, ganz*	
Salz	*3 TL*		

Zubereitung
Sauerteig in ½ l warmem Wasser verrühren, 400 g Roggenvollmehl dazurühren und über Nacht stehen lassen. 150 g nimmt man nun für den nächsten Brotteig weg (Sauerteig). Das restliche Mehl, das restliche Wasser und die übrigen Zutaten zu einem Teig kneten, rasten lassen, drei Laibe formen, gehen lassen und backen.
Backzeit: 10 Minuten, Backtemperatur: 250° C, dann
            60 Minuten, Backtemperatur: 190° C

BUTTERMILCHVOLLKORNBROT

Zutaten
Roggenmehl	*200 g*	*Salz*	*30 g*
Roggenvollschrot	*300 g*	*Kümmel, Fenchel*	
Weizenvollschrot	*300 g*	*Buttermilch*	*¼ l*
Gerstenmehl	*200 g*	*Sauerteig*	*150 g*

Zubereitung
Roggen, Weizenschrot mit Wasser einweichen ebenso Sauerteig am Vorabend mit etwas Mehl und Wasser ansetzen. Am nächsten Tag die restlichen Zutaten mit Buttermilch verkneten, gut gehen lassen, nochmals verkneten. Den Teig gut in eine befettete Kastenform drücken und 30 Minuten gehen lassen, dann backen.
Backzeit: 60 Minuten, Backtemperatur: 220° C

Vollkornbrot der landwirt. Fachschule Drauhofen

Zutaten

Roggenvollmehl	*2 kg*	*Salz*	*60 g*
Roggenmehl	*2 kg*	*Kümmel*	*4 EL*
Sauerteig	*300 g*	*Wasser*	*2,5 l*
Germ	*10 g*		

Zubereitung
Am Vortag Germ, Sauerteig, Wasser und Mehl ansetzen. Am nächsten Tag wird ein fester Teig bereitet und sehr gut geknetet. Nach etwa zweistündiger Rastzeit werden sieben Wecken geformt, die nochmals aufgehen müssen und dann gebacken werden.
Backzeit: 60 Minuten, Backtemperatur: 220° C

Roggenbrot von Fr. Bugl

Zutaten

Roggenvollmehl	*1 kg*	*Brotgewürz*	*1 EL*
Weizenvollmehl	*20 g*	*Salz*	*1 TL*
Germ	*20 g*	*Leinsamen*	*1 EL*
Sauerteig	*200 g*	*Wasser*	*1 l*

Zubereitung
Diese Zutaten werden über Nacht mit warmem Wasser zu einem halbfesten Teig angesetzt (geknetet), in der Früh den Teig nochmals kneten und zu 2 Wecken formen; gehen lassen und backen.
Backzeit: 70 Minuten, Backtemperatur: 220° C

SALAMIBROT

Zutaten

Roggenvollmehl	*1 kg*	*Salz*	*30 g*
Roggenmehl	*500 g*	*Petersilie*	*3 EL*
Sauerteig	*150 g*	*Kümmel*	*3 EL*
Germ	*50 g*	*Wasser*	*1 l*
Salami	*300 g*		

Zubereitung
Sauerteig und Germ mit etwas warmem Wasser glattrühren, ins Mehl dampfeln. Die Salami schneiden. Alle Zutaten zu einem mittelfesten Teig mischen, den Teig gehen lassen, zwei Wecken formen, nochmals rasten lassen und backen.
Backzeit: 70 Minuten, Backtemperatur: 230° C

KÄSEBROT

Zutaten

Roggenvollmehl	*400 g*	*Salz*	*1 EL*
Roggenmehl	*200 g*	*Koriander*	*2 MSP*
Hartkäse	*100 g*	*Petersilie*	*2 EL*
Sauerteig	*100 g*	*Wasser*	*⅜ l*
Germ	*10 g*	*Öl*	*2 EL*

Zubereitung
Hartkäse in das Mehl reiben, Sauerteig ansetzen (Sauerteig, Germ, ⅛ l warmes Wasser) – den Teig mit dem Dampfl, den Gewürzen und dem restlichen Wasser mischen, dann das Öl dazugeben und kneten. Einen Wecken formen, gehen lassen und backen.
Backzeit: 70 Minuten, Backtemperatur: 220° C

Fünfkorn-Fruchtbrot

Zutaten
Fünfkornvollmehl	1 kg	Salz	30 g
Roggenmehl	500 g	Anis	1 EL
Sauerteig	200 g	Kümmel	1 EL
Germ	30 g	Wasser	1½ l

Zubereitung
Fünfkornmehl (Dinkel, Weizen, Gerste, Roggen, Hafer) wird über Nacht in ¾ l warmem Wasser eingeweicht. Ebenso weicht man den Sauerteig mit etwa ¼ l warmem Wasser ein und rührt ihn glatt. Dann das Dampfl in das Mehl geben, die Germ dazurühren, und nachdem der Sauerteig gegangen ist, mit den übrigen Zutaten und dem restlichen warmen Wasser den Teig mischen und kneten, rasten lassen, drei Wecken formen, wieder rasten lassen und backen.
Backzeit: 70 Minuten, Backtemperatur: 220° C

Sauerteigblitzbrot

Zutaten
Roggenvollmehl	300 g	Sauerteig	150 g
Weizenvollmehl	300 g	Salz	2 TL
Germ	30 g	Kümmel, Fenchel	2 EL
Wasser, warm	½ l		

Zubereitung
Sauerteig mit etwas Wasser anrühren, dann mit allen Zutaten einen Teig kneten, rasten lassen, einen Wecken formen, wieder rasten lassen und backen.

Variante
grobgehackte Nüsse, Zwetschken, Rosinen, Sonnenblumenkerne [immer nur eine Menge von 300 g pro Zutat nehmen].
In den Teig einarbeiten.

Rezepte mit Sauerteig und Vollmehl

KAROTTENBROT

Zutaten

Roggenvollschrot	*300 g*	*Salz*	*20 g*
Weizenvollmehl	*200 g*	*Sonnenblumenöl, kaltgepr.*	*2 EL*
Weizenmehl	*300 g*	*Sauerteig*	*150 g*
Karotten, gerieben	*200 g*	*Wasser*	*400 ml*

Zubereitung

Am Vorabend Roggenvollschrot in 300 ml Wasser einweichen. Sauerteig mit etwas Roggenmehl und warmem Wasser anrühren und gehen lassen.
Am nächsten Tag die restlichen Zutaten mit 300 ml Wasser gut verkneten und gehen lassen, nochmals kneten, einen Laib formen, gehen lassen.
Backzeit: 10 Minuten, Backtemperatur: 250° C, dann
50 Minuten, Backtemperatur: 200° C

LEINSAMENBROT

Zutaten

Weizenvollschrot	*300 g*	*Grünkernschrot*	*100 g*
Sauerteig	*150 g*	*Leinsamenschrot*	*100 g*
Weizenmehl	*400 g*	*Salz*	*4 TL*
Sechskornschrot	*200 g*	*Wasser*	*ca. ¾ l*

Zubereitung

Weizen-, Sechskorn-, Grünkern-, Leinsamenschrot mit ½ l warmem Wasser verrühren und über Nacht quellen lassen. Wieder, wie gewohnt, Sauerteig mit etwas Mehl und Wasser ansetzen. Am nächsten Tag alle Zutaten und das restliche Wasser hinzufügen und gut verkneten, 3 Stunden gehen lassen, nochmals kneten und Wecken formen, wieder gehen lassen und backen.

Sauerkrautbrot

Zutaten

Weizenvollschrot	*300 g*	*Sauerkraut*	*200 g*
Sauerteig	*150 g*	*Salz*	*30 g*
Dinkelmehl	*300 g*	*Wacholderbeeren,*	
Haferflocken	*200 g*	*Kümmel*	
Wasser	*ca. ½ l*		

Zubereitung

Schrot mit 300 ml Wasser anrühren und quellen lassen, Sauerteig mit Mehl und Wasser ebenfalls anrühren.

Am nächsten Tag alle Zutaten – auch das ausgedrückte und geschnittene Sauerkraut – und ca. ¼ l warmes Wasser verkneten und gut gehen lassen, nochmals kneten, einen Wecken formen, gehen lassen und backen.

Backzeit: 10 Minuten, Backtemperatur: 250° C, dann
50 Minuten, Backtemperatur: 200° C

Bierbrot

Zutaten

Roggenvollmehl	*500 g*	*Germ*	*20 g*
Roggenmehl	*500 g*	*Warmes, dunkles Bier*	*700 ml*
Sauerteig	*150 g*	*Salz, Kümmel*	*je 1 TL*

Zubereitung

Sauerteig mit etwas Mehl und Wasser ansetzen. Am nächsten Tag alles mit den restlichen Zutaten verkneten und gehen lassen. Einen Laib formen, gehen lassen und backen.

Backzeit: 10 Minuten, Backtemperatur: 250° C, dann
50 Minuten, Backtemperatur: 200° C

WALNUSSBROT

Zutaten

Weizenvollmehl	*500 g*	*Fenchel*	
Roggenmehl	*500 g*	*Kümmel*	*je 1 TL*
Sauerteig	*150 g*	*Koriander*	
Wasser	*600 ml*	*Haferflocken*	*50 g*
Germ	*20 g*	*Walnußkerne*	*150 g*
Salz	*1 EL*		

Zubereitung

Sauerteig mit etwas Mehl und Wasser ansetzen. Am nächsten Tag alle Zutaten verkneten, zweimal gehen lassen, einen Wecken formen, gehen lassen und backen.

Backzeit: 10 Minuten, Backtemperatur: 250° C, dann
50 Minuten, Backtemperatur: 200° C

Rezepte für Brote mit Spezial-Backferment
(Diätbrote)

Dreikornbrot mit Spezial-Backferment

Zutaten

Weizenvollmehl	*1 kg*	*Wasser*	*½ l*
Roggenvollmehl	*400 g*	*Wasser*	*½ l*
Hafer, ganz	*300 g*	*Wasser*	*¼ l*
Backfermentpulver	*1 TL*	*Salz*	*1 EL*
Grundansatz	*1 EL*		

Zubereitung

Am Vorabend aus Roggenvollmehl, etwas Wasser, Grundansatz, Backfermentpulver einen Vorteig machen, gleichzeitig Haferkörner mit ¼ l kochendem Wasser überbrühen und über Nacht stehenlassen, dann mit allen Zutaten, auch mit dem Hafer-Einweichwasser, einen Teig bereiten. Gehen lassen, zwei Brote formen, wieder gehen lassen und backen.

Backzeit: 10 Minuten, Backtemperatur: 250° C, dann
60 Minuten, Backtemperatur: 200° C

Sonnenblumenbrot mit Backferment

Zutaten

Roggenvollmehl	*400 g*	*Wasser, warm*	*½ l*
Weizenvollmehl	*1 kg*	*Wasser, warm*	*½ l*
Grundansatz	*1 EL*	*Salz*	*1½ EL*
Backfermentpulver	*1 TL*	*Sonnenblumenkerne*	*250 g*

Zubereitung

Verarbeitung siehe oben (Dreikornbrot).

Rezepte für Brote mit Spezial-Backferment

NUSSBROT MIT SPEZIAL-BACKFERMENT

Zutaten
Vorteig:
Roggenvollmehl	400 g	*Weizenvollmehl*	800 g
Wasser, warm	½ l	*Wasser, warm*	¾ l
Grundansatz	1 EL	*Nüsse*	200 g
Backfermentpulver	1 TL	*Salz*	1 EL

Zubereitung
400 g Roggenmehl, ½ l warmes Wasser, 1 EL Grundansatz und 1 TL Backfermentpulver am Vorabend ansetzen. Am nächsten Morgen mit den restlichen Zutaten einen Teig kneten, gehen lassen, formen, erneut gehen lassen und anschließend backen.
Backzeit: 10 Minuten, Backtemperatur: 250° C, dann
50 Minuten, Backtemperatur: 190° C

FRÜCHTEBROT MIT SPEZIAL-BACKFERMENT

Zutaten
Roggenvollmehl	400 g	*Einweichwasser*	¾ l
Wasser, warm	½ l	*Salz*	1 EL
Grundansatz	1 EL	*Trockenfrüchte*	1 kg
Backfermentpulver	1 TL	*Wasser*	2 l
Roggenvollmehl	400 g	*Nüsse*	250 g
Weizenvollmehl	800 g		

Zubereitung
Am Vorabend 400 g Roggenvollmehl, Wasser, Grundansatz, Backfermentpulver anrühren und stehen lassen, gleichzeitig die Trockenfrüchte in 2 l Wasser einweichen. Am nächsten Tag die Früchte abseihen, das Wasser für den Teig verwenden. Mit allen Zutaten einen Teig kneten, gehen lassen, dann in eingeweichte, getrocknete, bebutterte Römertöpfe geben (2 Stunden) und ins kalte Rohr stellen.
Backzeit: 40 Minuten, Backtemperatur: 250° C, dann Deckel abnehmen und
60 Minuten, Backtemperatur: 180° C

Rezepte für Brote mit Germ

Rezepte für Brote mit Germ

Helles Vollkornbrot in Kastenform

Zutaten

Weizenvollmehl	500 g	Milch, warm	¼ l
Buchweizenvollmehl	100 g	Salz	1 TL
Germ	30 g	Wasser, warm	⅝ l

Zubereitung
Einen Germteig bereiten, gehen lassen, nun einen Strang formen, in die Kastenform legen, wieder gehen lassen und backen.
Backzeit: 10 Minuten, Backtemperatur: 150° C
             30 Minuten, Backtemperatur: 190° C

Dinkelbrot in Kastenform

Zutaten

Dinkelvollmehl	500 g
Wasser, warm	¼ l + ⁄₁₆ l
Germ	30 g
Salz	1 TL

Zubereitung
Wie Helles Vollkornbrot (oben) verarbeiten und backen. Dinkelbrot ist eine Delikatesse. Es wird sehr locker, ist schnittfest und besitzt ein feines Aroma. Überdies zeichnet es sich durch seinen hohen Mineralstoffgehalt aus.

Rezepte für Brote mit Germ

Dinkelbrot in Kastenform

DINKELBROT VON FR. BUGL

Zutaten

Dinkelvollmehl	*1 kg*
Germ	*40 g*
Milch oder Molke	*½ l*
Salz	*10 g*
Brotgewürz	*1 EL*

Zubereitung
Teig kneten, gehen lassen, Wecken formen, gehen lassen und backen.
Backzeit: 60 Minuten, Backtemperatur: 210° C

Rezepte für Brote mit Germ

Dinkelbrot (Rezept S. 55)

KÄSEBROT

Zutaten

Weizenvollmehl	500 g	Salz	1 TL
Käse, gerieben	100 g	Koriander	1 MSP
Germ	20 g	Muskatnuß	1 MSP
Öl	2 EL	Wasser	¼ l

Zubereitung
Käsereste reiben, mit allen Zutaten einen Teig kneten, rasten lassen, einen Wecken formen oder zu kleinen Weckerln ausformen, mit Milch bestreichen, rasten lassen und backen.
Backzeit: 50 Minuten, Backtemperatur: 220° C

Rezepte für Brote mit Germ

KÄSEKRÄUTERBROT

Zutaten

Weizenvollmehl	*500 g*	*Salz*	*1 TL*
Käse, gerieben	*80 g*	*Petersilie, Schnittlauch,*	*je 1 EL*
Germ	*30 g*	*getrocknete Kräuter*	
Buttermilch, warm	*¼ l*		

Zubereitung
Einen Germteig bereiten, gut kneten und rasten lassen.
Den Teig in eine Kastenform geben, gehen lassen und backen.
Backzeit: 40 Minuten, Backtemperatur: 220° C

Käsekräuterbrot

SONNENBLUMENBROT

Zutaten

Weizenvollmehl	500 g	Sonnenblumenkerne	100 g
Roggenvollmehl	200 g	Buttermilch	½ l
Germ	30 g		

Zubereitung
Verarbeitung und Backzeit wie Käsekräuterbrot (Rezept S. 57).

KÜRBISKERNBROT

Zutaten

Weizenvollmehl	300 g	Kürbiskerne	150 g
Roggenschrot	100 g	Kürbiskernöl	2 EL
Maismehl, fein	100 g	Salz	2 TL
Germ	20 g	Buttermilch	320 ml

Zubereitung
Roggenschrot am Vorabend einweichen, am nächsten Tag alle restlichen Zutaten verkneten. Zweimal gehen lassen. Den Teig in eine befettete Kastenform drücken und erneut gehen lassen.
Backzeit: 40 Minuten, Backtemperatur: 220° C

BUCHWEIZENBROT

Zutaten

Buchweizenmehl	200 g	Germ	30 g
Weizenvollmehl	200 g	Wasser	300 ml
Leinsamen	100 g	Sauermilch	⅛ l
Sojamehl	100 g		

Zubereitung
Leinsamen am Vorabend in 300 ml Wasser einweichen, am nächsten Tag alle restlichen Zutaten verkneten. Zweimal gehen lassen. Dann in eine befettete Kastenform geben, neuerlich gehen lassen und backen.
Backzeit: 40 Minuten, Backtemperatur: 220° C

GRÜNKERNVOLLKORNBROT

Zutaten
Grünkernvollmehl	*300 g*	*Germ*	*30 g*
Grünkernschrot	*100 g*	*Salz*	*30 g*
Roggenvollmehl	*150 g*	*Wasser*	*¼ l*
Weizenvollmehl	*300 g*		

Zubereitung
Grünkernschrot mit 100 ml Wasser über Nacht einweichen. Am nächsten Tag alle Zutaten verkneten, zweimal gehen lassen, dann den Teig in eine befettete Kastenform drücken und erneut gehen lassen.
Backzeit: 10 Minuten, Backtemperatur: 250° C
40 Minuten, Backtemperatur: 200° C

KLEIEBROT

Zutaten
Roggenmehl	*400 g*	*Germ*	*40 g*
Dinkelvollmehl	*400 g*	*Brotgewürz*	*1 TL*
Kleie	*200 g*	*warmes Wasser*	*700 ml*
Salz	*2 EL*		

Zubereitung
Alle Zutaten gut verkneten, gehen lassen, nochmals kneten, den Teig zu einer Kugel formen, nochmals gut gehen lassen, backen.
Backzeit: 10 Minuten, Backtemperatur: 250° C
50 Minuten, Backtemperatur: 200° C

Rezepte für Brote mit Germ

Maisbrot I

Zutaten

Weizenvollmehl	300 g	Rosinen	100 g
Maisvollmehl	300 g	Honig	100 g
Kartoffeln	300 g	Butter	100 g
Germ	30 g	Zitronenschale von 1 Zitrone	
Eier	2	Rum	1 EL
Salz	1 gehäufter TL	Milch	⅛–¼ l
Anis	1 Prise		

Zubereitung

Kartoffeln kochen und passieren, dann alle Zutaten zu einem Germteig verkneten, nach dem Rasten in eine befettete Kastenform geben, rasten lassen und backen.
Backzeit: 60 Minuten, Backtemperatur: 210° C

Fleck – Erntegebäck aus Kärnten

Zutaten

Roggenvollmehl	300 g	Salz	1 TL
Weizenvollmehl	300 g	Kümmel	1 EL
Germ	20 g	Sauerrahm	⅛ l
Wasser	½ l	Liebstöckel, Petersilie	4 EL

Zubereitung

Aus Mehl, Wasser, Germ, Salz und Kümmel einen sehr weichen, streichfähigen Germteig bereiten, der nach dem Rasten zu kreisrunden, untertassengroßen und fingerdicken Flecken auf ein befettetes Blech gestrichen, mit Sauerrahm bepinselt und mit einem Kräutergemisch bestreut wird, nach kurzer Rastzeit backen.
Backzeit: 15 Minuten, Backtemperatur: 250° C

Rezepte für Brote mit Germ

Fleck

Zucchinibrot

Zutaten

Weizenmehl	500 g	Germ	30 g
Zucchini	250 g	Salz	2 TL
Walnußkerne	80 g	Ei	1

Zubereitung
Zucchini grob raspeln, fest ausdrücken, Walnußkerne hacken, alle Zutaten verkneten.
Vorsicht: Der Teig ist fest, läßt aber dann beim Rasten Flüssigkeit, kein zusätzliches Mehl hinzufügen.
Den Teig zweimal gehen lassen, dann in eine befettete Kastenform drücken, nochmals gehen lassen und backen.
Backzeit: 40 Minuten, Backtemperatur: 220° C

Rezepte für Brote mit Germ

TOPFENBROT

Zutaten

Weizenvollmehl	500 g	Butter, zerlassen	50 g
Germ	20 g	Topfen	100 g
Salz	1 TL	Milch, warm	¼ l

Zubereitung
Mit allen Zutaten einen Teig kneten, rasten lassen, dann einen Wecken formen, wieder rasten lassen und backen.
Backzeit: 40 Minuten, Backtemperatur: 210° C

Topfenbrot

Rezepte für Brote mit Germ

BAGUETTE

Zutaten
Weizenmehl	750 g	Salz	3 TL
Germ	25 g	Wasser	½ l

Zubereitung
Alle Zutaten zu einem Teig kneten, gehen lassen, nochmals kneten. Den Teig in je vier Teile teilen. Jedes Stück nochmals kräftig durchkneten und lange Stangen formen. Aufs Blech legen und mit einem scharfen Messer schräg einschneiden.
Backzeit: 25–30 Minuten, Backtemperatur: 250° C

TOASTBROT

Zutaten
Weizenvollmehl	600 g	Salz	1 gehäufter TL
Germ	20 g	Öl	2 EL
Milch od. Wasser	⅜ l		

Zubereitung
Teig kneten, rasten lassen, in zwei Kastenformen einlegen, aufgehen lassen und backen.
Backzeit: 30 Minuten, Backtemperatur: 200° C

BUTTERMILCHBROT

Zutaten
Roggenvollmehl	200 g	Buttermilch	½ l
Weizenvollmehl	500 g	Haferflocken	100 g
Germ	20 g	Wasser	⅛ l
Salz	1 TL		

Zubereitung
Teigzubereitung wie bei Kleingebäck, rasten lassen, einen Wecken formen, wieder rasten lassen und backen.
Backzeit: 60 Minuten, Backtemperatur: 220° C

Rezepte für Brote mit Germ

Milchbrot

Zutaten

Weizenvollmehl	*1 kg*	*Anis*	*10 g*
Germ	*40 g*	*Milch*	*⅝ l*
Salz	*2 TL*		

Zubereitung
Alle Zutaten fest verkneten, gehen lassen, dann formen (zwei Stück), wieder gehen lassen und backen.
Backzeit: 50 Minuten, Backtemperatur: 210° C

Milchbrot

Rezepte für Brote mit Germ

MILCHBROT, FEIN

Zutaten

Weizenvollmehl	1½ kg	Milch	½ l
Germ	40 g	Dotter	2
Butter	100 g	Salz	1 EL

Zubereitung
Germteig mit allen Zutaten (auch mit zerlassener Butter) kneten, rasten lassen, formen, gehen lassen und backen.
Backzeit: 50 Minuten, Backtemperatur: 210° C

BANANENBROT

Zutaten

Weizenvollmehl	500 g	Germ	20 g
Honig	4 EL	Zitronensaft	1 EL
Bananen	2 Stk.	Butter	80 g
Salz	1 TL	Milch	⅛ l

Zubereitung
Alle Zutaten außer dem Mehl im Mixglas pürieren, anschließend mit dem Mehl verkneten, rasten lassen, einen Wecken formen, ein zweites Mal gehen lassen und backen.
Backzeit: 30 Minuten, Backtemperatur: 230° C

Rezepte für Brote mit Germ

FRÜCHTEBROT

Zutaten

getrocknete Marillen	250 g	Haselnüsse, gehackt	100 g
getrocknete Birnen	250 g	Rum	} jeweils 1 Stamperl
Apfelringe, getrocknet	125 g	Zitronensaft	
Wasser	⅛ l	Anis, Kardamom	} je 1 MSP
Datteln, entsteint	100 g	Zimt, Nelkenpulver	
Feigen	100 g	Roggenmehl	200 g
Bananen, getrocknet	200 g	Zucker	100 g
Rosinen	200 g	Germ	40 g
Orangeat	200 g	Milch	1/16 l
Mandeln, blättrig	100 g		

Zubereitung

Marillen, Birnen, Apfelringe in kleine Würfel schneiden, mit Zitronensaft und Wasser übergießen, gut durchmischen und über Nacht stehen lassen.
Am nächsten Morgen Datteln, Feigen und Bananen ebenfalls würfelig schneiden. Alle Früchte und Nüsse zusammenmischen und mit Rum übergießen, eine ½ Std. ziehen lassen. Danach mit allen restlichen Zutaten gut verkneten und gehen lassen (ca. 2 Stunden). Dann in zwei Stücke teilen, jeweils in eine bebutterte Kastenform legen, nochmals gehen lassen und backen.
Backzeit: 70 Minuten, Backtemperatur: 200° C

Rezepte mit Sauerteig und Auszugsmehl

Molkebrot der landw. Fachschule Drauhofen

Zutaten

Roggenvollmehl	3 kg	Kümmel	2 EL
Sauerteig	250 g	Anis	1 EL
Germ	10 g	Koriander	1 TL
Salz	40 g	Molke	2 l

Zubereitung
Sauerteig und Germ in etwas warmer Molke anrühren, darauf ins Mehl eindampfeln. Dann alle Zutaten verkneten und den Teig gehen lassen, nun fünf Wecken formen, in bemehlte Simperl legen und nochmals gehen lassen, mit etwas Molke bestreichen, dann backen.
Backzeit: 70 Minuten, Backtemperatur: 220° C

Zwiebel- oder Speckbrot

Zutaten

Roggenmehl	2 kg	Salz	60 g
Weizenmehl	1 kg	Brotgewürz	1 gehäufter EL
Sauerteig	500 g	Zwiebel oder	
Germ	50 g	Speck, geröstet	300 g
		Wasser	2 l

Zubereitung
Ringelig geschnittenen Zwiebel oder Speck goldbraun rösten, Sauerteig in ½ l warmem Wasser glattrühren, ins Mehl eindampfeln. Dann alle Zutaten, auch den abgekühlten Zwiebel bzw. den Speck zu einem mittelfesten Teig verkneten. Nach dem Rasten Laibe oder Wecken wirken. Nach weiterem kurzen Aufgehen das Brot backen. Dieses Rezept ist auch für Speckweckerln oder Zwiebelfladen bestens geeignet.
Backzeit: 70 Minuten, Backtemperatur: 220° C

Rezepte mit Sauerteig und Auszugsmehl

TOPFENBROT

Zutaten
Roggenvollmehl	*750 g*	*Kümmel*	*1 EL*
Topfen	*250 g*	*Koriander*	*3 MSP*
Sauerteig	*150 g*	*Salz*	*20 g*
Germ	*20 g*	*Wasser*	*ca. ⅜ l*

Zubereitung
Sauerteig und Germ in ⅛ l warmem Wasser einweichen – eindampfeln. Dann alle Zutaten mit dem restlichen warmen Wasser mischen und zu einem Teig verkneten. Den gerasteten Teig zu einem Laib oder Wecken wirken und nach kurzem Aufgehen bakken. Es ist ratsam, das Mehl mit dem Topfen zuerst feinbröselig zu mischen, ehe man das Dampfl in das Mehl rührt.
Backzeit: 70 Minuten, Backtemperatur: 250° C

MAISBROT II

Zutaten
Roggenmehl	*500 g*	*Salz*	*20 g*
Maismehl	*500 g*	*Anis*	*1 EL*
Sauerteig	*200 g*	*Wasser*	*⅛–⅜ l*
Germ	*20 g*		

Zubereitung
Roggen- und Maismehl mischen, Sauerteig und Germ in ¼ l warmem Wasser einweichen und glattrühren, dann eindampfeln. Wenn das Dampfl aufgegangen ist, den Teig mit den Gewürzen und dem restlichen Wasser mischen und gut abkneten, rasten lassen. Dann Wecken oder einen Laib formen, nochmals kurz zum Aufgehen warmstellen und backen. Maisbrot geht nicht besonders gut auf. Es wird flach, schmeckt aber sehr gut.
Backzeit: 80 Minuten, Backtemperatur: 210° C

Rezepte mit Sauerteig und Auszugsmehl

HAFERFLOCKENWECKEN

Zutaten

Roggenmehl	*500 g*	*Salz*	*20 g*
Hafermark	*250 g*	*Kümmel*	*10 g*
Sauerteig	*100 g*	*Anis*	*10 g*
Germ	*10 g*	*Wasser*	*⅜–⅘ l*

Zubereitung
Sauerteig mit etwas Wasser abrühren, eindampfeln – mit allen Zutaten einen Teig kneten. Einen Wecken formen, nach kurzem Aufgehen backen.
Backzeit: 60 Minuten, Backtemperatur: 230° C

LEINSAMENBROT

Zutaten

Roggenmehl	*1,25 kg*	*Brotgewürz*	*10 g*
Weizenmehl	*250 g*	*Sauerteig*	*250 g*
Leinsamen	*130 g*	*Germ*	*30 g*
Salz	*30 g*	*Wasser*	*1 l*

Zubereitung
Sauerteig wieder in etwas Wasser ansetzen. Alle Zutaten zu einem Teig kneten, rasten lassen, zwei bis drei Wecken formen, wieder rasten lassen und backen.
Backzeit: 50 Minuten, Backtemperatur: 220° C

HAUSBROT

Zutaten

Roggenmehl	*1 kg*	*Salz*	*30 g*
Weizenmehl	*400 g*	*Wasser, warm*	*1 l*
Germ	*50 g*	*Fenchel, ganz*	*1 EL*
Sauerteig	*100 g*	*Brotgewürz, gem.*	*1 EL*

Rezepte mit Sauerteig und Auszugsmehl

Zubereitung
Alle Zutaten verkneten, zwei Kugeln schleifen und rasten lassen. Hat sich der Teig fast verdoppelt, so kneten Sie ihn nochmals. Nun nach Belieben Wecken oder Laibe formen, in bemehltes Simperl legen, nochmals gehen lassen, aufs Blech stürzen, mit Wasser besprühen, backen.
Backzeit: 10 Minuten, Backtemperatur: 250° C, dann zurückschalten
60 Minuten, Backtemperatur: 200° C

KNOBLAUCHBROT

Zutaten
Roggenmehl	*1 kg*	*Salz*	*20 g*
Sauerteig	*150 g*	*Knoblauch*	*6–8 Zehen*
Germ	*20 g*	*grüne Petersilie*	*2 EL*
Wasser, warm	*⅝–⅞ l*	*Kümmel*	*1 EL*

Zubereitung
Sauerteig und Germ in ⅛ l warmem Wasser glattrühren, ins Mehl eindampfeln. Nach erfolgter Rastzeit den Teig mit dem restlichen warmen Wasser und den Gewürzen mittelfest gut kneten. Nach dem Rasten wird der Teig in dünne Wecken ausgearbeitet, die nach kurzem Aufgehen mit Milch bestrichen und gebacken werden.
Backzeit: 60 Minuten, Backtemperatur: 230° C

KRÄUTERBROT

Zutaten
Roggenmehl	*1 kg*	*Wasser, warm*	*⅞ l*
Sauerteig	*100 g*	*Rosmarin, Basilikum,*	
Germ	*20 g*	*Bohnenkraut,*	*4 EL*
Salz	*20 g*	*Zitronenmelisse*	

Zubereitung
Sauerteig ansetzen, Dampfl bereiten, Teig mit den gehackten Kräutern und dem restlichen Wasser kneten, rasten lassen, Wecken formen und nach nochmaligem, kurzem Gehenlassen backen.
Backzeit: 60 Minuten bei zwei Wecken, Backtemperatur: 220° C

Rezepte mit Sauerteig und Auszugsmehl

Buttermilchbrot

Zutaten

Roggenmehl	*2 kg*	*Salz*	*40 g*
Sauerteig	*200 g*	*Kümmel, gem.*	*2 EL*
Buttermilch	*1 l*	*Anis*	*2 EL*
Wasser warm	*⅜–⅝ l*		

Zubereitung
Den Sauerteig in warmem Wasser glattrühren – das Mehl sieben – eindampfeln dann mit allen Zutaten den Teig bereiten, diesen gut kneten. Die Buttermilch zur Gänze verwenden, mit dem Wasser ev. etwas zurückhaltend sein. Den Teig nach dem Rasten wirken und nach kurzem Aufgehen mit Dampf backen (drei Brote formen).
Backzeit: 60 Minuten, Backtemperatur: 220° C

Buttermilchbrot

Rezepte mit Sauerteig und Auszugsmehl

KNÄCKEBROT

Zutaten
Roggenvollmehl	300 g	Honig	1 EL
Weizenmehl	200 g	Salz	1 TL
Germ	10 g	Milch	½ l
weiche Butter	80 g		

Zubereitung
Alle Zutaten zu einem geschmeidigen Teig verkneten. Er darf nicht mehr kleben. Den Teig sehr dünn ausrollen, aufs befettete Backblech legen, in 7 x 14 cm große Stücke schneiden und diese mit der Gabel mehrmals anstechen. Sofort nach dem Backen die Brotstücke auf Tüchern ausbreiten, zugedeckt auskühlen lassen und in gut schließenden Gefäßen aufbewahren.
Backzeit: 40 Minuten, Backtemperatur: 200° C

Knäckebrot

Rezepte mit Sauerteig und Auszugsmehl

HAFERBROT

Zutaten

Roggenmehl	*500 g*	*Germ*	*10 g*
Hafermehl	*250 g*	*Salz*	*10 g*
Wasser	*½ l*	*Kümmel u. Anis*	*1 EL*
Sauerteig	*100 g*		

Zubereitung
Geschälter Hafer oder grobe Haferflocken werden in der Hausmühle so fein wie möglich gemahlen. Den Sauerteig weicht man ein, rührt ihn glatt und dampfelt ihn in das gemischte Mehl ein. Sobald das Dampfl genügend gegangen ist, bereitet man mit den übrigen Zutaten einen mittelfesten Brotteig, den man etwa 2 Stunden rasten läßt, daraus formt man einen Wecken oder Laib, läßt ihn nochmals kurz aufgehen und bäckt in anschließend.
Backzeit: 60 Minuten, Backtemperatur: 210° C

EINFACHES KLETZENBROT

Zutaten

Roggenvollmehl	*500 g*	*Anis*	*1 TL*
Kletzen	*300 g*	*Zimt*	*1 TL*
Nüsse	*100 g*	*Nelkenpulver*	*2 MSP*
Sauerteig	*100 g*	*Schnaps oder Rum*	*1 Stamperl*
Germ	*10 g*	*Zitronenschale u. -saft*	*1 Stamperl*
Honig	*150 g*	*Kletzenwasser*	*¼ l*
Salz	*1 TL*		

Zubereitung
Kletzen kochen, faschieren, aus Sauerteig und Germ ein Dampfl bereiten. Alle Zutaten zu einem mittelfesten Teig mischen und kneten, dann rasten lassen. Danach den Kletzenteig zu einem Laib oder Wecken formen, ihn mit Wasser oder Milch bestreichen und nach kurzem Aufgehen backen.
Backzeit: 70 Minuten, Backtemperatur: 210° C

Weihnachtliches Kletzenbrot der HBLA Pitzelstätten

Zutaten

Roggenmehl	*500 g*	*Sauerteig*	*150 g*
Kletzen	*300 g*	*Germ*	*20 g*
Dörrzwetschken	*200 g*	*Anis*	*1 EL*
Rosinen	*200 g*	*Zimt*	*2 EL*
Nüsse	*100 g*	*Nelkenpulver*	*1 TL*
Honig	*200 g*	*Salz*	*1 EL*
Wasser	*¼ l*	*Zitrone, Schale u. Saft*	*1 Stk.*
Rum oder Schnaps	*1 Stamperl*	*Orange, Schale u. Saft*	*1 Stk.*

Zubereitung

Kletzen kochen, nudelig schneiden (das Kochwasser zur Teigbereitung verwenden). Zwetschken, nach Belieben auch dieselbe Menge Feigen nudelig schneiden, Nüsse ganz lassen. Alle Früchte unter das Mehl mischen, mit Sauerteig, Germ und etwas Wasser eindampfeln, mit allen Zutaten einen mittelfesten Teig bereiten, ihn nach dem Rasten zu drei Wecken formen, diese mit Milch oder Ei bestreichen, eventuell mit Nüssen verzieren und nach dem Rasten backen.

Backzeit: 80 Minuten, Backtemperatur: 210° C

Knusprige Köstlichkeiten – selbstgemacht!

KLEINGEBÄCK
(SALZ- UND SÜSSGEBÄCK)

Kleingebäck

Schematischer Ablauf der Teigzubereitung für Kleingebäck

1. Alle Zutaten laut Rezept in eine Teigschüssel geben. **Achtung:** Germ niemals direkt zum Salz geben! Die Flüssigkeit sollte lauwarm sein, damit der Teig besser und schneller gehen kann.

Salz

Sauerteig

Germ

Vollmehl

2. Nun fest kneten, bis der Teig Blasen wirft, so wird er ganz feinporig.

3. Den gekneteten Teig zu einer Kugel formen.

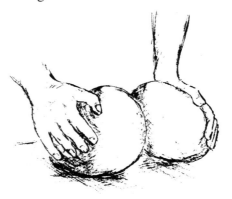

4. Die Kugel rasten lassen, bis sich das Volumen fast verdoppelt hat.

5. Die Kugel nun fest schlagen und zu einem Strang ausrollen. Festes Schlagen ist wichtig, um keine Luftblasen im Gebäck zu haben.

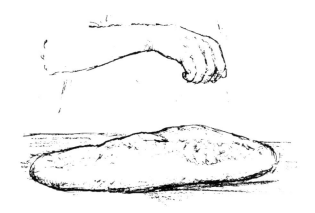

6. Den Strang nach Belieben zerteilen. Bei Rezepten mit ca. 500 g Vollmehl um 15–20 Stück, bei ca. 1 kg Vollmehl um 20–30 Stück.

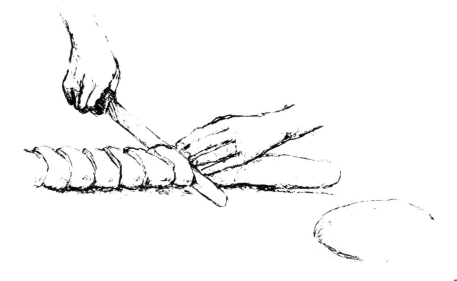

Kleingebäck

7. Die Teigstücke werden jetzt zu runden Laibchen geschliffen.

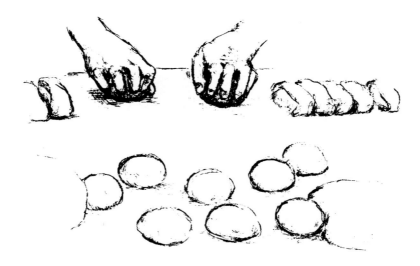

Kleingebäck

Vorschläge zur Gebäckausformung

Langsemmeln

Die runden Laibchen rollen Sie mit der Hand zu kleinen Teigsträngen aus. Darauf drücken Sie mit der Teigrolle (2,5 cm) diese Stränge in der Mitte, um eine Längsfalte zu erhalten.

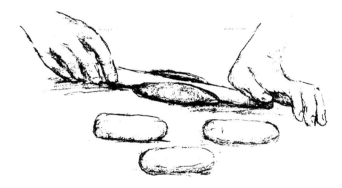

Nun klappen Sie das geteilte Weckerl nach oben zusammen und legen es mit dem Teigschluß nach unten zum Rasten.

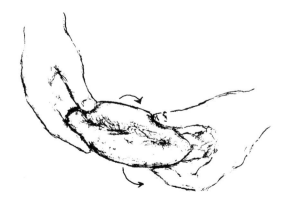

Nach dem Rasten drehen Sie es um, damit die Falte wieder sichtbar wird. Nun wird es besprüht und gebacken.

Kleingebäck

Kümmelweckerln

Die runden Laibchen werden mit drei Fingern zum Körper hergezogen.

Dann mit dem Handballen vom Körper wegdrücken, um die Falte zu vertiefen. Nun wie die Semmeln mit dem Teigschluß nach unten zum Rasten legen. Vor dem Backen umdrehen, bepinseln und mit Kümmel bestreuen.

Salzstangerln

Die runden Laibchen werden mit der Teigrolle zu ovalen Teigstückchen ausgerollt.

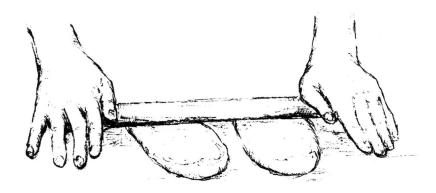

Kleingebäck

Mit der linken Hand hält man das untere Ende fest, während man mit der rechten Hand den Teig einrollt. Je fester Sie aufdrücken, desto länger wird das Stangerl!

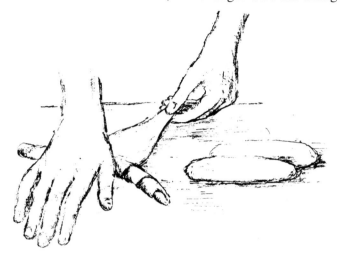

Die Stangerln mit der Oberfläche in warmes Wasser tauchen, leicht ins vorbereitete Salz-Kümmel-Gemisch drücken und nun direkt auf dem befetteten Backblech gehen lassen.
Vor dem Backen wieder besprühen und mit Salz-Kümmel-Gemisch bestreuen.

Kipferln

Verarbeitung wie Salzstangerln, nur in Kipferlform aufs Blech legen und vor dem Backen wieder besprühen.

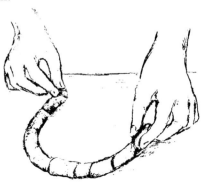

Kleingebäck

Schnecken

Die runden Laibchen zu einem dünnen Strang ausrollen (die Enden ev. dünner) und laut Skizze formen.

Mohnweckerln, einfach

Die runden Laibchen zu langen dünnen Strängen ausrollen.
Nach der Skizze formen. – Will man jedoch ein echtes Bäckerweckerl haben, so müssen Sie noch eine Schlinge zufügen.

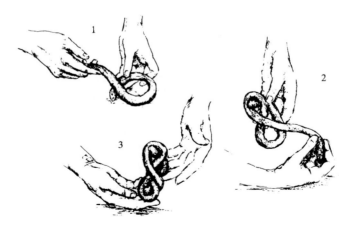

Nach dem Formen direkt auf dem Blech gehen lassen.
Vor dem Backen besprühen und in Mohn wenden.

Kleingebäck

Mohnstriezerln

Die runden Laibchen in drei Teile teilen und zu dünnen Strängen ausrollen. Dann zu einem Zopf flechten! Auf dem Blech gehen lassen, besprühen, in Mohn tauchen und backen.

Phantasiegebäck

Die runden Laibchen dünn ausrollen und laut Skizze formen.
Vor dem Backen besprühen und nach Belieben bestreuen.

Partyräder

Erfreut sich großer Beliebtheit. Geformtes Gebäck nach Belieben zusammenstellen, gehen lassen, besprühen und nach Phantasie mit Gewürzen bestreuen.

Kleingebäck

Bäckersonne

Die runden Laibchen einfach im Kreis aufsetzen (direkt am Blech), gehen lassen, besprühen und nach Fantasie bestreuen.
Backzeit von ca. 20 Stück um die 30 Minuten bei 220° C.
Unbedingt mit Folie bedecken, sonst bräunt das Gebäck zu stark.

Rosinenlaibchen

Runde Teiglaibchen oben mit der Schere kreuzweise einzwicken. Bepinseln, gehen lassen – dadurch öffnet sich das Weckerl.

Käsestangerln

Stangerln formen, mit halbierten Käsescheiben belegen, gehen lassen, backen.
Kümmelweckerln formen, mit geriebenem Käse-Kümmel-Gemisch bestreuen, gehen lassen und backen.

Kleingebäck

Mohnweckerln, doppelt geschlungen

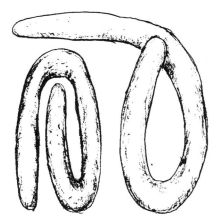

Man formt einen nicht zu langen Strang. Mit ⅔ des Stranges wird eine Schlaufe gebildet und das Ende fest ausgedrückt.

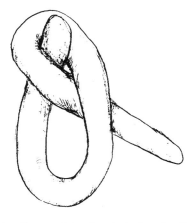

Das freie Strangdrittel wird durch die Schlaufe gezogen.

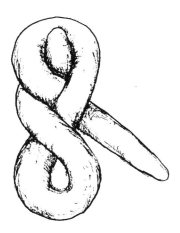

Der untere Teil der Schlaufe wird von links nach rechts umgedreht.

Das freie Strangende wird nun von oben durch die kleine Schlaufe gezogen und unten angedrückt.

Kleingebäck

Knopfsemmeln

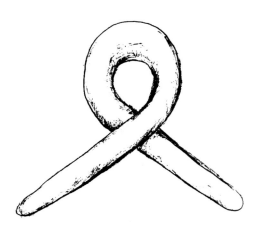

Man formt einen gleichmäßigen Strang und bildet damit eine kleine Schlaufe. Der rechte Strangteil wird dabei über den linken gelegt.

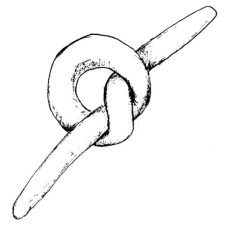

Der rechte Strangteil wird von oben durch die Schlaufe nach rechts geführt.

Der verbliebene rechte Strangteil wird nochmals von oben durch die Schlaufe gezogen und dann angedrückt.

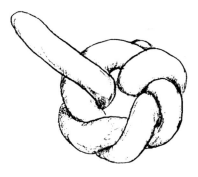

Die linke Hand führt nun den linken Strangteil von unten durch die Schlaufe.

Kleingebäck

Der verbliebene linke Strangteil wird nochmals von unten durch die Schlaufe gesteckt.

Das aus der Mitte hervorstehende linke Strangende wird ein bißchen breitgedrückt, so daß es die Form eines Knopfes erhält.

Merke: Der rechte Strangteil wird zweimal von oben durch die Schlaufe gezogen und das Ende unten festgedrückt. Der linke Strangteil wird zweimal von unten durch die Schlaufe geführt und das aus der Mitte hervorstehende Ende breitgedrückt.

Kleingebäck

Bularknopf

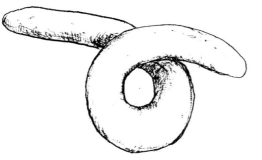
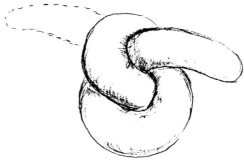

Zur Herstellung des Einstrangknopfes legt man einen nicht zu langen Strang in Schlaufenform.

Der lange, linke Strangteil wird von oben durch die Schlaufe geführt.

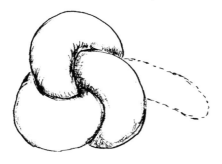

Nun wird das rechte Strangende nach unten geführt und mit dem linken Strangende unten verbunden.

Der fertige Knopf

Kleingebäck

Wiener Knopf

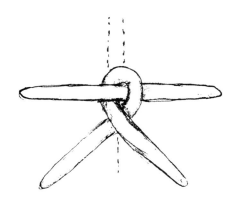

Aus einem Teigstück werden zwei kurze Stränge geformt und gemäß Abb. oben gelegt. Die rechte Hand erfaßt den oberen, die linke Hand den unteren Teil des Längsstranges.

Diese beiden Teile werden nun so nach unten gekreuzt, daß der rechte Teil unter dem linken zu liegen kommt. Damit ist die Ausgangsstellung für die Flechtung erreicht.

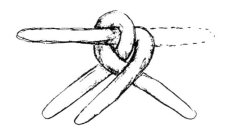

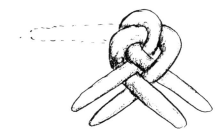

Der rechte Außenstrang wird über den benachbarten Strang geführt und als linker Innenstrang abgelegt.

Der linke Außenstrang wird unter den benachbarten Strang und über den folgenden geführt und als rechter Innenstrang abgelegt.

Kleingebäck

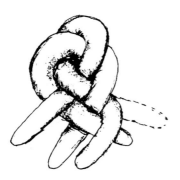

Wiederholung
Der rechte Außenstrang wird über den benachbarten Strang geführt und als linker Innenstrang abgelegt.

Der linke Außenstrang wird unter den benachbarten Strang und über den folgenden geführt und als rechter Innenstrang abgelegt. Die Enden zusammendrücken.

Das Flechtwerk wird nach oben gebogen und auf die erste Kreuzung des Längsstranges gedrückt. Dann wird das Geflecht umgedreht, und der Wiener Knopf ist fertig!

Kleingebäck

Mohnzöpfchen

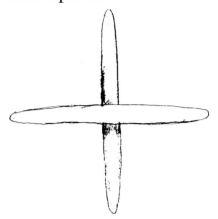

Aus einem Stück werden zwei gleich lange Stränge geformt und kreuzweise gelegt. Querstrang über Längsstrang!

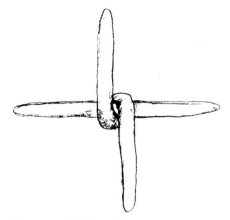

Flechtung mit dem Längsstrang:
Die rechte Hand führt den oberen Teil des Längsstranges nach unten, gleichzeitig die linke Hand den unteren Teil nach oben.

Flechtung mit dem Querstrang:
Die Querstrangteile werden so nach unten gekreuzt, daß der rechte über dem linken zu liegen kommt.

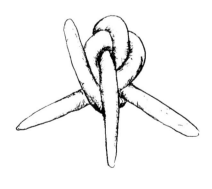

Wiederholung der Flechtung mit dem Längsstrang: Die rechte Hand führt den oberen Teil des Längsstranges nach unten, gleichzeitig die linke Hand den unteren Teil nach oben.

Kleingebäck

Wiederholung der Flechtung mit dem Querstrang: Die Querstrangteile werden so nach unten gekreuzt, daß der rechte Teil über dem linken zu liegen kommt.

Merke:
1. Strangkreuz, Querstrang über Längsstrang
2. Flechtung mit dem Längsstrang: oberen Strangteil nach unten, unteren Teil nach oben

Sind die Strangteile völlig eingeflochten, so werden die Enden zusammengedrückt.

3. Flechtung mit dem Querstrang: Kreuzen der Strangteile, rechter Teil über linken
4. Wiederholung der Flechtung mit Längs- und Querstrang
5. Die Enden zusammendrücken

Rezepte für Kleingebäck

Salz- und Weißgebäck

Germteig – Grundteig für Kleingebäck

Zutaten

Dinkel- od. Weizenvollmehl	600 g	Germ	20 g
Dinkelmehl, ausgesiebt	100 g	Salz	10 g
		Wasser, warm	⅜ l

Zubereitung
Alle Zutaten in der Küchenmaschine kneten und rasten lassen, nach den folgenden Rezepten weiterverarbeiten oder nach eigener Fantasie formen, gehen lassen und backen. (Ca. 20 Minuten gehen lassen.)

Partystangerln

Zutaten

Weizen- od. Dinkelvollmehl	400 g	Milch	⅜ l
Dinkelmehl	200 g	Salz	1 Prise
Germ	20 g	Öl	2 EL
Dotter	2	Emmentaler oder Bergkäse	100 g

Zubereitung
Aus allen Zutaten einen Teig kneten, eine Kugel formen und gehen lassen, den aufgegangenen Teig in 20–22 gleichmäßige Stücke teilen. Diese werden zu 15 cm langen, an den Enden zugespitzten Stangerln geformt, mit Wasser bestrichen und mit einer Scheibe Käse belegt, nun rasten lassen!
Backzeit: 10–15 Minuten, Backtemperatur: 250° C

Kleingebäck

Partyweckerln

Dieselben Zutaten wie bei Partystangerln.
Der Käse wird kleinwürfelig geschnitten unter das Mehl gemischt, Teig aufgehen lassen, nun zu runden Laiberln wirken, gehen lassen und backen.
Backzeit: 10–15 Minuten, Backtemperatur: 250° C

Schusterlaiberln

Zutaten

Weizen- od.		Salz	1 Prise
Dinkelvollmehl	400 g	Kümmel	1 EL
Roggenmehl	200 g	Wasser	⅜–⅞ l
Germ	20 g		

Salzstangerln (Rezept S. 98)

Zubereitung
Den Teig kneten, rasten lassen, danach in 20–22 gleichmäßige Stücke teilen und schleifen. Die Oberfläche einschneiden, mit Wasser bestreichen, mit Kümmel bestreuen, gehen lassen und backen.
Backzeit: 15 Minuten, Backtemperatur: 250° C

SALZSTANGERLN I

Zutaten
Grundteig   1 kg
Grobsalz und Kümmel zum Bestreuen

Zubereitung
Teig kneten, rasten lassen, Weckerln schleifen, zu ovalen Fleckerln ausrollen, Stangerln formen, bepinseln, mit Salz-Kümmel-Gemisch bestreuen, rasten lassen und anschließend backen.
Backzeit: 10–15 Minuten, Backtemperatur: 250° C

SALZSTANGERLN II

Zutaten
Dinkelvollmehl	*600 g*	*Salz*	*1 Prise*
Dinkelmehl	*200 g*	*Milch*	*⅜ l*
Germ	*40 g*	*Grobsalz und*	
Butter	*80 g*	*Kümmel zum Bestreuen*	

Zubereitung
Verarbeitung wie Salzstangerln I.

KÜMMELWECKERLN

Zutaten
Grundteig   1 kg
Kümmel zum Bestreuen

Kleingebäck

Zubereitung
Teig kneten, rasten lassen, Laiberln formen, daraus Weckerln herstellen (siehe Skizze Seite 82), nach dem Rasten umdrehen, mit Wasser bepinseln und mit Kümmel bestreuen, backen.
Backzeit: 10–15 Minuten, Backtemperatur: 150° C

DINKELKIPFERLN

Zutaten
Grundteig	1 kg	Dinkelmehl, fein	1 Hdv.
Sonnenblumenöl, kaltgepreßt	2 EL	Honig	3 EL

Zubereitung
Verarbeitung wie Salzstangerln, dann nur noch zu Kipferln formen, auf dem Blech gehen lassen, mit Wasser besprühen und backen.
Backzeit: 8–10 Minuten, Backtemperatur: 250° C

BRÖTCHEN

Zutaten
Dinkelvollmehl	650 g	Wasser, warm	⅛ l
Haferflocken	50 g	Germ	20 g
Salz	1 Prise	Kümmel	2 EL
Buttermilch	½ l		

Zubereitung
Germ mit Wasser gut verrühren, dann die restlichen Zutaten mit dem Kochlöffel verrühren, ½ Stunde rasten lassen, nochmals verrühren, wieder rasten lassen, anschließend mit dem Löffel Häufchen aufs befettete Backblech setzen, gehen lassen und backen.
Backzeit: ca. 20 Minuten, Backtemperatur: 250° C

Kleingebäck

Frühstücksweckerln

Zutaten

Dinkelvollmehl	500 g	Wasser, lauwarm	⅜–½ l
Roggenvollmehl	200 g	Salz	1 Prise
Germ	30 g	Brotgewürz	1 EL

Zubereitung
Alle Zutaten zu einem Teig kneten, gehen lassen, kleine Laibchen formen, nochmals gehen lassen, mit Ei bestreichen, mit Kümmel bestreuen und backen.
Backzeit: ca. 20 Minuten, Backtemperatur: 230° C

Frühstücksweckerln

Kleingebäck

KÄSEROLLEN

Zutaten
Grundteig	1 kg
Schafkäse	400 g
Basilikum, getrocknet	1 EL
oder frisch	3 EL

Zubereitung
Teig kneten, rasten lassen, Kugeln schleifen, mit einem Nudelholz kleine ovale Teigstücke ausrollen, mit Öl bestreichen, Käse darauflegen, mit Basilikum würzen und einrollen, wieder mit Öl bestreichen, gehen lassen und anschließend backen.
Backzeit: 20–25 Minuten, Backtemperatur: 240° C

KÄSESTANGERLN

Zutaten
Grundteig	1 kg
Kümmel	2 EL
würziger Käse	300 g

Zubereitung
Käse fein reiben, mit Kümmel mischen und ¼ davon in den Teig kneten, gehen lassen. Kugeln formen, dann mit einem Nudelholz oval auswalken und zu Salzstangerln aufrollen. Mit Wasser bepinseln, im Kümmel-Käse-Gemisch wenden, gehen lassen und backen.
Backzeit: 20 Minuten, Backtemperatur: 240° C

KÄSESTANGERLN, FEIN

Zutaten
Dinkelvollmehl	600 g	Milch, warm	⅜ l
Germ	30 g	Salz	1 Prise
Butter	60 g	Käsescheiben, halbiert	

101

Zubereitung
Teig kneten, rasten lassen, Weckerln schleifen, oval ausrollen, zu Stangerln einrollen, bestreichen, mit Kümmel bestreuen und mit den Käsescheiben belegen, gehen lassen und backen.
Backzeit: 20 Minuten, Backtemperatur: 240° C

KÄSEBRÖTCHEN

Zutaten

Dinkelvollmehl	*500 g*	*Pfeffer*	*1 MSP*
Milch, warm	*¼ + ⅛ l*	*Salz*	*1 gehäufter TL*
Edamer	*250 g*	*Kümmel, ganz*	*1 TL*
Germ	*40 g*		

Zubereitung
Alle Zutaten mit dem geriebenen Käse zu einem Teig verkneten, gehen lassen, darauf in acht Stücke teilen und zu Kugeln schleifen, wieder gehen lassen, dann ein bißchen flachdrücken, mit Milch oder Öl bestreichen, mit grob geriebenem Käse bestreuen und backen.
Backzeit: 20–25 Minuten, Backtemperatur: 230° C

KÄSEWECKERLN

Zutaten

Weizenvollmehl	*500 g*	*Kümmel*	
Topfen	*500 g*	*Germ*	*40 g*
Obers	*¼ l*	*Salz*	*1 Prise*
Camembertkäse	*250 g*		

Zubereitung
Den Käse mit dem Topfen und dem Obers gut verrühren. Danach alle Zutaten zu einem Teig verkneten, gehen lassen, in ca. 12–14 Stücke teilen, erneut gehen lassen, mit Milch bestreichen und backen.
Backzeit: 20 Minuten, Backtemperatur: 220° C

Semmelweckerln

Zutaten
Weizen- od.		Salz	1 TL
Dinkelvollmehl	600 g	Milch	ca. ⅜ l
Germ	20 g	Butter	60 g
Dotter	2		

Zubereitung
Aus den Zutaten einen Germteig bereiten, aufgehen lassen, dann etwa 100 g schwere Stücke herunterschneiden, diese zu Weckerln wirken, kurz rasten lassen, mit Ei bestreichen und backen.
Backzeit: 10–20 Minuten, Backtemperatur: 250° C

Leinsamenweckerln I

Zutaten
Grundteig	1 kg
Leinsamen	200 g

Zubereitung
Leinsamen ganz oder geschrotet in den Teig kneten, Kugeln formen, darauf zu länglichen Stangerln formen, mit Wasser bepinseln und in Mohn tauchen, gehen lassen, backen.
Backzeit: 10 Minuten, Backtemperatur: 250° C

Kleingebäck

Leinsamenweckerln

Leinsamenweckerln II

Zutaten

Dinkel- oder Leinsamen	*100 g*	*Milch, warm*	*⅛ l*
Weizenvollmehl	*600 g*	*Salz*	*1 Prise*
Germ	*40 g*		

Zubereitung
Alle Zutaten fest kneten, rasten lassen, den Teig in fünf Stücke teilen, zu Weckerln schleifen, gehen lassen, backen.
Backzeit: 20–25 Minuten, Backtemperatur: 230° C

Kleingebäck

SEMMELN

Zutaten
Dinkelvollmehl   500 g
Wasser   ⅜ l
Salz   1 Prise
Germ   30 g

Zubereitung
Alle Zutaten mit der Küchenmaschine 10 Minuten kneten, rasten lassen (festerer Teig), Semmeln formen, nochmals gehen lassen, mit Wasser besprühen und backen.
Backzeit: 20 Minuten, Backtemperatur: 250° C

Semmeln

Mohnsemmeln

Zutaten
Grundteig   *1 kg*
Mohn   *200 g*

Zubereitung
Teig kneten, Semmeln formen, bepinseln und in Mohn wenden, gehen lassen und anschließend backen.
Backzeit: 15 Minuten, Backtemperatur: 250° C

Sesamsemmeln

Zutaten
Grundteig   *ca. 1 kg*
Sesam   *200 g*

Zubereitung
Sesam ohne Fett einige Minuten rösten, die Hälfte davon in den Teig kneten. Semmeln formen, mit dem Teigschluß nach unten rasten lassen. Umdrehen, mit Wasser bepinseln, in Sesam wenden und backen.
Backzeit: ca. 15 Minuten, Backtemperatur: 220° C

Pizzabrötchen

Zutaten

Weizenvollmehl	*600 g*	*Oliven, kleingeschnitten nach Geschmack*	
Parmesan	*150 g*	*Paprikapulver*	
Germ	*40 g*	*Oregano*	*1 TL*
Rahm	*¼ l*	*Salz*	
Rotwein	*½ + ¼ l*	*Knoblauch, zerdrückt*	*2 Zehen*
Tomatenmark	*3 EL*	*Pfeffer*	*1 MSP*

Zubereitung
Weizenvollmehl, Parmesan, Germ, Rahm, Rotwein, Salz, feingehackte Oliven, Toma-

Kleingebäck

tenmark, 4 EL Öl und Gewürze vermengen und einen Teig kneten. Diesen anschließend gehen lassen.
Den Teig ausrollen (d = ½ cm), mit einer Teetasse runde Kreise ausstechen, die Hälfte der Teigstücke mit Ei bestreichen, mit einer Scheibe Käse oder Salami belegen, würzen, dann das zweite Teigrad darauflegen, die Ränder festdrücken, nochmals mit Ei bestreichen, gehen lassen und backen.
Backzeit: 20 Minuten, Backtemperatur: 220° C

ZWIEBELBAGUETTE

Zutaten
Dinkelvollmehl   1 kg   *Butter, zerlassen   50 g*
Milch, warm   ½ l   *Zwiebel, gehackt   350 g*
Germ   60 g   *Kräutersalz*
Salz   1 EL

Zubereitung
Zwiebel hacken, anrösten, kalt stellen, Dann alle Zutaten und ¼ des Zwiebels zu einem Teig kneten, rasten lassen, dann in fünf Stücke teilen, Rollen formen, mit einem Messer schräg einschneiden und gehen lassen, vorher mit Ei bestreichen, mit dem restlichen Zwiebel bestreuen und backen.
Backzeit: ca. 25 Minuten, Backtemperatur: 220° C

ZWIEBELFLADEN

Zutaten
Dinkelvollmehl   600 g   *Salz   1 Prise*
Roggenvollmehl   200 g   *Zwiebel, gehackt   350 g*
Germ   40 g   *Kräutersalz*
Wasser, warm   ½ l   *Kümmel   1 TL*
Butter, zerl.   40 g

Zubereitung
Vollmehl, Germ, Wasser, zerlassene Butter und Salz zu einem Teig kneten, gehen lassen, in 16 Stücke teilen, Fladen mit der Hand drücken. Die Fladen mit kaltgepreßtem

Kleingebäck

Sonnenblumenöl beträufeln und mit gehackter Zwiebel und Kräutersalz bestreuen, gehen lassen und backen.
Backzeit: 20 Minuten, Backtemperatur: 230° C

ZWIEBELWECKERLN MIT BUTTERMILCH

Zutaten

Weizenvollmehl	500 g	Pfeffer	
Roggenvollmehl	200 g	Salz	1 TL
Germ	40 g	Sonnenblumenöl,	
Buttermilch	¼ + ⅛ l	kaltgepreßt	2 EL
Speck	200 g	Zwiebel	350 g

Zubereitung
Speckwürfel anbraten, geschnittenen Zwiebel dazugeben und mitanrösten, abkühlen lassen. Nun mit allen Zutaten einen Teig kneten, gehen lassen. In ca. zehn Stücke teilen, zu Laibchen schleifen, gehen lassen, mit der Hand ein bißchen flachdrücken, mit Öl bestreichen und backen.
Backzeit: 20 Minuten, Backtemperatur: 230° C

ZWIEßELGEBÄCK

Zutaten

Weizenmehl	500 g	Dotter	3
Salz	2 TL	Butter	60 g
Germ	20 g	Fülle:	
Milch	200 g	Zwiebeln	250 g

Zubereitung
Alle Zutaten verkneten, gehen lassen, in ca. 30 Stk. teilen, nochmals jedes kurz durchkneten (schleifen), auf ein befettetes Blech setzen, mit zwei Fingern eine Mulde in die Oberfläche drücken und gehen lassen.
Backzeit: 20 Minuten, Backtemperatur: 250° C

Kleingebäck

VOLLKORNWECKERLN

Zutaten
Weizenvollmehl	800 g	Salz (Meersalz)	1 TL
Mineralwasser	½ l	Milch zum Bepinseln	
Germ	40 g		

Zubereitung
Salz in ein bißchen Wasser auflösen, dann alle Zutaten zu einem Teig kneten. Gehen lassen, in 15–20 Stücke teilen, nochmals gehen lassen, mit Milch bepinseln und backen.
Backzeit: 15–20 Minuten, Backtemperatur: 230° C

EINFACHE WECKERLN VON FR. BRANTL

Zutaten
Dinkelvollmehl	500 g	Wasser	¾ l
Dinkelmehl	500 g	Salz	1 Prise
Germ	40 g	Kümmel	1 EL

Zubereitung
Zubereitung wie Rosinenweckerln. Diese Weckerln können sowohl zu salzigen Speisen als auch für eine „süße" Kaffeejause verwendet werden.

ANISWECKERLN

Zutaten
Weizen- od.		Honig	2 EL
Dinkelvollmehl	700 g	Salz	1 Prise
Dinkelmehl	300 g	Anis	1 EL
Germ	40 g	Milch	⅝–⅞ l
Butter	50 g		

Zubereitung
Aus allen Zutaten einen Germteig kneten. Gehen lassen. Nach dem Rasten den Teig in etwa 100 g schwere, gleichmäßige Stückerln aufteilen und diese zu runden Kugerln

schleifen. Die Oberfläche der Kugerln mit warmem Wasser bepinseln und mit Anis bestreuen. Gehen lassen und backen.
Backzeit: ca. 10–20 Minuten, Backtemperatur: 250° C

GRISSINI

Zutaten
Weizenmehl	*900 g*	*Schmalz*	*200 g*
Germ	*40 g*	*Olivenöl*	*3 EL*
Wasser, warm	*500 ml*	*Salz*	

Zubereitung
Alle Zutaten verkneten, zweimal gehen lassen, in 56 Teile schneiden, lange Rollen formen, auf dem Blech – jeweils 14 Stück – gehen lassen und dann backen.
Backzeit: 14 Minuten, Backtemperatur: 250° C

MAISKRÄCKER

Zutaten
Weizenmehl	*300 g*	*Hirschhornsalz*	*½ TL*
Maisgrieß	*150 g*	*Salz*	*1 TL*
Dotter	*1*	*Koriander*	*1 MSP*
Butterschmalz	*80 g*	*Mohn*	
Germ	*20 g*	*Sesam*	*je 1 EL*
Wasser, warm	*200 ml*		

Zubereitung
Hirschhornsalz in wenig Wasser auflösen. Alle restlichen Zutaten dazugeben. Das Butterschmalz muß nach dem Zergehenlassen unbedingt abgekühlt sein.
Gut kneten und gehen lassen, nochmals durchkneten, in zwei Teile teilen, ausrollen und aufs Blech legen, mit verquirltem Ei bestreichen, Mohn und Sesam darauf streuen und gehen lassen.
Backzeit: 15 Minuten, Backtemperatur: 220° C
Dann in Stücke schneiden und im ausgeschalteten Rohr noch nachtrocknen lassen.

Kleingebäck

SCHNELLER MAISFLADEN

Zutaten

Weizenmehl	*300 g*	*Joghurt*	*¼ l*
Feines Maismehl	*200 g*	*Öl*	*2 EL*
Backpulver	*2 TL*	*Honig*	*4 EL*
Salz	*1 TL*	*Eier*	*2*
Milch	*6 EL*		

Zubereitung

Alle Zutaten gut verkneten, Eine Springform einfetten, den dickflüssigen Teig einfüllen. Ergibt zwei Fladen. Den fertigen Fladen noch etwas in der Backform lassen, den Rand mit dem Messer lösen.
Backzeit: 20 Minuten, Backtemperatur: 200° C

ROGGENRAHMFLECKEN

Zutaten

Roggenmehl	*500 g*	*Pfeffer, Kardamom*	*je 1 MSP*
Sauerteig	*100 g*	*Salz*	*1 TL*
Hefe	*10 g*	*Paprika*	*1 MSP*
Crème fraîche od. Rahm	*400 g*	*Schnittlauch*	*1 EL*
Belag:			
Speck	*300 g*		

Zubereitung

Sauerteig mit etwas Mehl und Wasser anrühren und gehen lassen. Alle restlichen Zutaten hinzufügen und gut verkneten, zweimal gehen lassen. Danach den Teig in 30 Stücke teilen, mit dem Handballen flach drücken. Crème fraîche oder Rahm, Salz, Paprika, Schnittlauch verrühren. Die Fladen mit einem Teigpinsel bestreichen und mit Speck belegen. Anschließend gehen lassen, dann backen.
Backzeit: 15 Minuten, Backtemperatur: 250° C

BUTTERMILCHWECKERLN

Zutaten

Dinkelvollmehl	500 g	Kümmel, Fenchel,	
Germ	30 g	vermahlen je	1 MSP
Milch, warm	⅟₁₆ l	Sonnenblumenöl	1 EL
Buttermilch	⅜ l	Salz	1 TL
Anis, ganz	1 TL		

Zubereitung
Alle Zutaten verkneten, gehen lassen, eine Rolle formen, in 20 Stücke teilen, zu Laibchen schleifen, mit Ei bestreichen, gehen lassen und backen.
Backzeit: 25 Minuten, Backtemperatur: 230° C

BUTTERMILCHZÖPFCHEN

Zutaten

Weizenmehl	500 g
Germ	20 g
Buttermilch	250 ml
Butter, weich	50 g
Salz	½ TL

Zubereitung
Alle Zutaten verkneten, zweimal gehen lassen, dann in acht Teile teilen, jedes Stück nochmals kneten und kleine Zöpfchen formen, mit Ei bestreichen, gehen lassen und backen.
Backzeit: 15 Minuten, Backtemperatur: 250° C

Kleingebäck

Jourgebäck

Zutaten

Dinkelvollmehl	1 kg	Salz	1 MSP
Germ	50 g	Honig	2 EL
Butter, zerlassen	100 g	Zimt nach Geschmack	
Milch	⅝ l		

Zubereitung

Mehl mit allen Zutaten zu einem Teig kneten, rasten lassen, in gleiche Stücke teilen, Laibchen formen, mit Milch bestreichen, wieder gehen lassen und backen.
Backzeit: ca. 20 Minuten, Backtemperatur: 250° C

Süßgebäck

ROSINENWECKERLN I

Zutaten

Grundteig	ca. 1 kg
Rosinen	200 g
Milch	⅜ l
Vanille	1 TL

Zubereitung

⅜ l Milch anstatt Wasser vom Grundrezept verwenden. Rosinen unter den Teig kneten, zu Kugeln schleifen, rasten lassen. Milch mit Vanille verrühren und die Weckerln bestreichen!
Backzeit: 15 Minuten, Backtemperatur: 250° C

ROSINENWECKERLN II

Zutaten

Dinkelvollmehl	700 g	Honig	3 EL
Dinkelmehl	300 g	Salz	1 Prise
Germ	40 g	Milch, warm	ca. ½ l
Butter, zerlassen	60 g	Rum	1 Stamperl
Rosinen	200 g	Vanille	1 Prise
Dotter	1		

Zubereitung

Butter mit Milch wärmen, Dotter, Salz, Rum, Rosinen und Germ einrühren – Vorsicht, in die lauwarme Milch einleeren. Mehl in die Knetschüssel geben und nun die Flüssigkeit unterkneten. Gehen lassen, Laibchen formen, rasten lassen, dann mit Vanillemilch bestreichen und backen.
Backzeit: 15 Minuten, Backtemperatur: 250° C

Rosinenweckerln von Fr. Brantl

Zutaten

Dinkelvollmehl	1 kg	Zimt	1–2 EL
Germ	40 g	Öl	2–3 EL
Milch	⅝–⅞ l	Honig	4–5 EL
Rosinen	200 g	Nelkenpulver	2–3 MSP
Salz	1 Prise		

Zubereitung

Mehl mit allen Zutaten zu einem Teig kneten, rasten lassen, in gleiche Stücke teilen, Laibchen formen, mit Milch bestreichen, wieder gehen lassen und backen.

Backzeit: ca. 15 Minuten, Backtemperatur: 250° C

Feines Rosinenbrot (-Brötchen)

Zutaten

Dinkelvollmehl	800 g	Wasser, lauwarm	⅜ l
Germ	30 g	Buttermilch	⅖ l
Walnüsse, gehackt	300 g	Salz	1 Prise
Rosinen	200 g	Zimt	1 MSP

Zubereitung

Alle Zutaten mit den grobgehackten Nüssen zu einem Teig kneten, gehen lassen, ca. 20 Weckerln oder vier längliche Brote formen, mit Milch bestreichen, gehen lassen und backen.

Backzeit: 25 Minuten, Backtemperatur: 240° C bei Brot
10–15 Minuten, Backtemperatur: 240° C bei Weckerln

Sonntagsweckerln

Zutaten

Weizenvollmehl	*500 g*	*Salz*	*1 Prise*
Germ	*40 g*	*Zimt*	*1 TL*
Wasser, warm	*¼ l*	*Honig*	*1 EL*
Butter, zerlassen	*150 g*	*Milch zum Bepinseln*	*¹⁄₁₆ l*

Zubereitung

Die Zutaten fest kneten, gehen lassen, in 15–20 Stücke teilen und zu runden Laibchen schleifen, mit der Schere kreuzweise einschneiden, nochmals gehen lassen, mit Milch bepinseln und backen.
Backzeit: 15 Minuten, Backtemperatur: 230° C

Süsse Weckerln

Zutaten

Roggenschrot, fein	*400 g*	*Honig*	*4 EL*
Roggenmehl	*400 g*	*Zimt*	*1 EL*
Sauerteig	*100 g*	*Anis, gemahlen*	*1 EL*
Germ	*20 g*	*Nelkenpulver*	*2 MSP*
Rosinen	*200 g*	*Salz, gestrichen*	*1 EL*
Milch	*⅝–⅞ l*	*Öl*	*2 EL*

Zubereitung

Sauerteig und Germ mit ⅛ l warmem Wasser und etwas Roggenmehl anrühren. Stehen lassen, bis das Ganze aufgegangen ist. Dann mit den übrigen Zutaten zu einem Teig verkneten, rasten lassen. Nun in zwölf Stücke teilen, zu runden Laibchen schleifen. Mit Milch bestreichen und rasten lassen.
Backzeit: ca. 20 Minuten, Backtemperatur: 250° C

Kleingebäck

OSTERPINZE I

Zutaten

Weizenmehl	600 g	Salz	1 Prise
Germ	20 g	Milch	⅖–⅜ l
Butter	60 g	Honig	2 EL
Dotter	3		

Zubereitung

Aus Germ, 5 EL Milch und dem Honig ein Dampfl im Mehl bereiten, dann mit den übrigen Zutaten einen mittelfesten Teig sehr gut abkneten. Nach dem Rasten 2–3 Laibe wirken, diese mit Dotter bestreichen, mit einem scharfen, geölten Messer in gleichmäßigen Abständen 3 tiefe Einschnitte bis zur Mitte machen, das Gebäck noch 10 Minuten aufgehen lassen und dann backen.
Backzeit: ca. 20–30 Minuten, Backtemperatur: 230° C

OSTERPINZE II

Zutaten

Vorteig:		*Hauptteig:*	
Honig	2–3 EL	Schlagobers	⅛ l
Germ	20 g	Dotter	3
Milch	⅖ l	Salz	1 Prise
Dotter	1	Vanilleschote	1
Weizenvollmehl	150 g	Weizenmehl	500 g

Zubereitung

In der Teigschüssel Honig und Germ flüssig rühren – dazu Milch, 1 Dotter und 150 g Mehl einmischen und den Vorteig hoch aufgehen lassen. Danach das Schlagobers, 3 Dotter, Salz, das Innere der Vanilleschote und das restliche Mehl beifügen, den Teig glatt abkneten. Zwei Laibe formen, mit Ei bestreichen, jeden dreimal einschneiden und rasten lassen, dann backen.
Backzeit: 20–30 Minuten, Backtemperatur: 230° C

KAFFEEBROT

Zutaten

Weizenvollmehl	500 g	Zitronenschale	
Germ	30 g	Milch	¼ l
Honig	100 g	Dotter	2
Butter	40 g	Rosinen	100 g
Nüsse	100 g	Salz	1 Prise

Zubereitung
Germ, Honig, etwas Milch in ein Grübchen im Mehl eindampfeln und gehen lassen. Dotter, Gewürze, restlichen Honig, Rosinen, grobgehackte Nüsse, warme Milch mit weicher Butter dazugeben und gut kneten. Den gerasteten Teig nochmals kneten, zu einem Wecken formen, mit Ei bestreichen und nach kurzem Rasten backen.
Backzeit: ca. 30 Minuten, Backtemperatur: 230° C

SÜSSER MILCHSTOLLEN

Zutaten

Weizenmehl	750 g	Eier	3
Butter	100 g	Milch	ca. ¼ l
Germ	40 g	Salz	½ TL
Rosinen	150 g		

Zubereitung
Alle Zutaten verkneten, zweimal gehen lassen, in eine befettete Kastenform drücken, nochmals gehen lassen und backen.
Backzeit: 45 Minuten, Backtemperatur: 200° C

DER STRIEZEL
(ZOPF)

Striezel-Rezept

Zutaten

Weizen- oder		*Salz*	*1 Prise*
Dinkelvollmehl	*500 g*	*Zitronenschale*	
Germ	*20 g*	*Rosinen*	*100 g*
Butter	*60 g*	*Milch*	*¼ l*
Dotter	*2*	*Honig*	*2 EL*

Zubereitung

Butter in warmer Milch zergehen lassen. Alle Zutaten außer Milch und Butter in eine Rührschüssel geben und nun die Flüssigkeit während des Knetens langsam einlaufen lassen.

Zu einem festen Teig kneten; ist der Teig zu weich, so lassen Sie ein bißchen feines Mehl einlaufen.

Nach dem Rasten den Teig in sechs Stücke teilen, zu Laibchen schleifen und zu langen dünnen Strähnen ausrollen. Anschließend flechten, mit Ei bestreichen, rasten lassen und dann backen.

Backzeit: ca. 30 Minuten, Backtemperatur 200° C

Der Striezel

Verschiedene Arten des Striezelflechtens

Vierstrangzopf (flache Form)

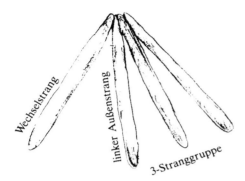

Vier Stränge werden an ihren oberen Enden zusammengedrückt und in Ausgangsstellung gelegt. Die drei rechten Stränge bilden die Dreistranggruppe, während der linke Strang ein Wechselstrang ist.

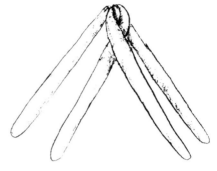

Dreistrangflechtung
Mit den drei rechten Strängen wird eine Flechtung wie beim Dreistrangzopf ausgeführt.
Die Abb. oben zeigt die Stränge nach dem ersten Flechtvorgang.

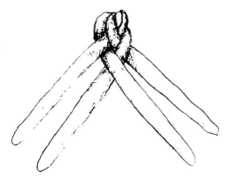

Der Wechsel
Der Wechselstrang wird nach unten hereingeführt und mit dem linken Außenstrang ausgewechselt.

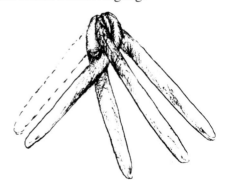

Dreistrangflechtung
Mit den drei rechten Strängen wird wiederum eine Flechtung wie beim Dreistrangzopf ausgeführt.

Der Striezel

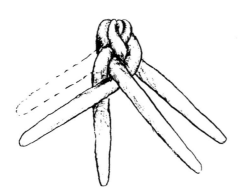 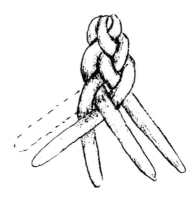

Nun wird der Wechselstrang wieder nach unten hereingenommen und mit dem linken Außenstrang ausgewechselt.

Nach einer weiteren Dreistrangflechtung folgt abermals der Wechsel zwischen linkem Außenstrang und Wechselstrang.

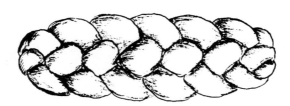

Flacher Vierstrangzopf, von oben gesehen

Merke: Der flache Vierstrangzopf wird wie der Dreistrangzopf geflochten, nur mit dem Unterschied, daß nach jedem abgeschlossenen Flechtgang ein Wechsel zwischen dem jeweiligen linken Außenstrang und dem Wechselstrang erfolgt. Dreistrangflechtung – Wechsel – Dreistrangswechsel – Wechsel.

Der Striezel

Vierstrangzopf (hohe Form)

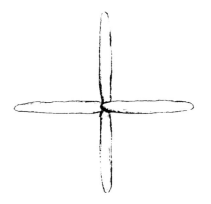

Vier Stränge werden in Kreuzform gebracht, dabei werden die zusammentreffenden Enden übereinandergelegt und fest angedrückt.

Längsstrangflechtung
Die rechte Hand führt den obenliegenden Längsstrang nach unten, gleichzeitig die linke Hand den untenliegenden nach oben.

Querstrangflechtung
Die Querstränge werden nach unten geführt und so gekreuzt, daß der rechte Strang über dem linken zu liegen kommt.

Wiederholung der Flechtung mit Längs- und Querstrang im Wechsel, bis die Strangteile völlig eingeflochten sind.

Der Striezel

Gerippter Fünfstrangzopf

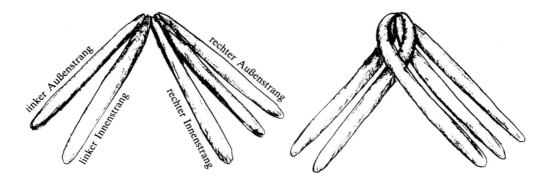

Fünf Stränge werden an ihren oberen Enden zusammengedrückt, drei davon nach rechts und zwei nach links gelegt.

Flechtung
Der rechte Außenstrang wird zum linken Innenstrang, und der linke Außenstrang wird zum rechten Innenstrang gelegt.

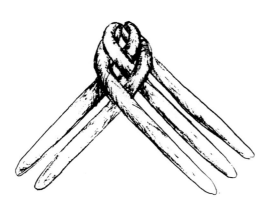

Rechter Außenstrang wird linker Innenstrang, linker Außenstrang wird rechter Innenstrang.

Gerippter Fünfstrangzopf
Die Strangenden werden zusammengedrückt.

124

Der Striezel

Fünfstrangzopf mit Wechselstrang

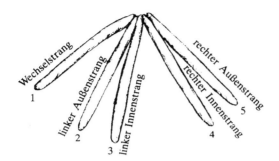
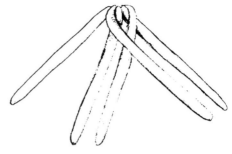

Ausgangstellung für die Flechtung
Fünf Stränge werden an ihren oberen Enden zusammengedrückt, zwei davon nach rechts, zwei nach links und einer nach links außen gelegt, den wir als Wechselstrang bezeichnen.

Flechtung
Die rechte Hand erfaßt den rechten Außenstrang, die linke Hand den linken Außenstrang, beide Stränge werden nach unten geführt und gekreuzt (rechter unter dem linken) und als Innenstränge abgelegt.

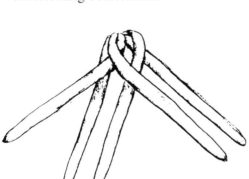
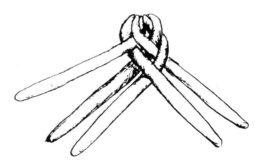

Wechsel
Die rechte Hand legt den linken Außenstrang über den Wechselstrang hinweg als neuen Wechselstrang nach außen, während gleichzeitig die linke Hand den alten Wechselstrang unten hereinführt und als neuen linken Außenstrang ablegt.

Wiederholung der Flechtung
Die beiden Außenstränge werden nach unten gekreuzt und als Innenstränge abgelegt.

125

Der Striezel

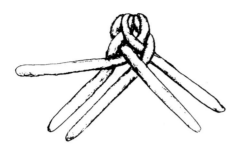

Zum Schluß wird das Geflecht umgedreht, so daß eine Wiederholung des Wechsels erfolgt.
Der linke Außenstrang wird mit dem Wechselstrang ausgewechselt.

Flechtung und Wechsel werden wiederholt, bis die Stränge eingeflochten sind. Zum Schluß wird das Geflecht umgedreht, so daß die Unterseite nach oben liegt.

1. Die beiden Außenstränge werden nach unten gekreuzt und so zu Innensträngen.
2. Der Wechselstrang wird nach jeder Flechtung nach unten hereingeführt und mit dem linken Außenstrang ausgewechselt.

Wiener Sechsstrangzopf

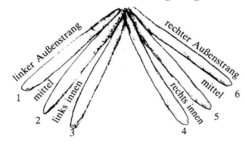
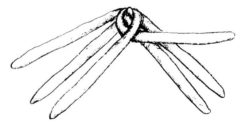

Ausgangsstellung
Die rechte und die linke Stranggruppe bestehen jeweils aus Außen-, Mittel- und Innenstrang.

1. Flechtung
Rechten Außenstrang mit rechter Hand in die Mitte legen.
Linken Mittelstrang mit linker Hand rechts außen legen.
Wichtig: Wieder zwei Dreier-Stranggruppen nach jedem Flechtvorgang.
3 und 3 Zöpfe legen, so ist es leichter, den Überblick zu behalten.

Der Striezel

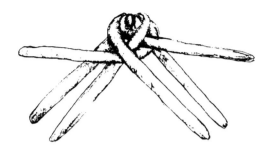

2. Flechtung
Linken Außenstrang mit linker Hand in die Mitte legen.
Rechten Mittelstrang mit rechter Hand links außen legen.

Wiederholung des 1. und 2. Flechtvorganges
Immer wieder:
rechts außen – links Mitte
links Mitte (Mittelstrang) – rechts außen.

Ansicht von oben

Ansicht von der Seite

Der Striezel

Achtstrangzopf

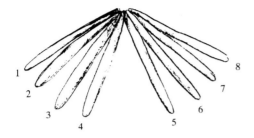
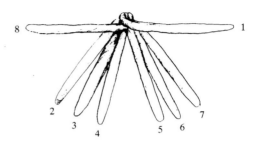

Acht Stränge werden an ihren oberen Enden verbunden und entsprechend lt. Abb. oben gelegt.
Die linke Hand erfaßt Strang 8 und die rechte Hand über die linke hinweg Strang 1. Beide Stränge werden gekreuzt.

Als Querstränge werden sie abgelegt, damit ist die Ausgangsstellung für die erste Flechtung erreicht.

1. Flechtung

erfolgt mit rechtem Querstrang und linkem Außenstrang. Dazu erfaßt die rechte Hand den rechten Querstrang (Strg. 1) und die linke Hand den linken Außenstrang (Strg. 2).
Beide Stränge werden gekreuzt, wobei der rechte Querstrang unter den linken Außenstrang geführt wird.

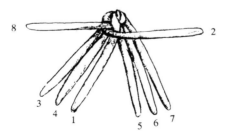
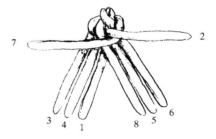

Der rechte Querstrang (Strg. 1) wird als linker Innenstrang und der linke Außenstrang (Strg. 2) als rechter Querstrang abgelegt.

Der linke Querstrang (Strg. 8) wird als rechter Innenstrang und der rechte Außenstrang (Strg. 7) als linker Querstrang abgelegt (oben).

128

Der Striezel

2. Flechtung
erfolgt mit linkem Querstrang und rechtem Außenstrang. Dazu erfaßt die linke Hand den linken Querstrang (Strg. 8) und die rechte Hand den rechten Außenstrang (Strg. 7). Beide Stränge werden gekreuzt, wobei der linke Querstrang unter den rechten Außenstrang geführt wird.

Wiederholung der 1. Flechtung
mit rechtem Querstrang und linkem Außenstrang. Beide Stränge werden gekreuzt, wobei der rechte Querstrang unter den linken Außenstrang geführt wird.

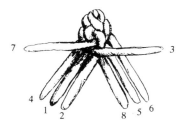

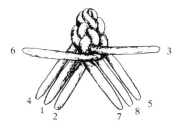

Der rechte Querstrang (Strg. 2) wird als linker Innenstrang und der linke Außenstrang (Strg. 3) als rechter Querstrang abgelegt

Wiederholung der 2. Flechtung
mit linkem Querstrang und rechtem Außenstrang.
Beide Stränge werden gekreuzt, wobei der Querstrang unter den Außenstrang geführt wird.

Der linke Querstrang (Strg. 7) wird als rechter Innenstrang und der rechte Außenstrang (Strg. 6) als linker Querstrang abgelegt.

1. und 2. Flechtung werden so lange wiederholt, bis die Stränge eingeflochten sind.
Die Strangenden werden zusammengedrückt.

Merke:
1. Flechtung mit rechtem Querstrang und linkem Außenstrang; rechter Querstrang wird linker Innenstrang und linker Außenstrang rechter Querstrang.
2. Flechtung mit linkem Querstrang und rechtem Außenstrang; linker Querstrang wird rechter Innenstrang und rechter Außenstrang linker Querstrang.

AUS UNSEREM PROGRAMM:

ISBN 3-7020-1013-0

Monika Sohneg-Achhornerr

SCHOKOLADE, EIS & KONFEKT – SELBSTGEMACHT

140 REZEPTE

125 Seiten, zahlreiche Farbabbildungen, Hardcover

Schokolade, Eis und Konfekt – mit und ohne Zucker – einfach selbstgemacht: Grundrezepte und Anleitungen plus 140 Rezeptideen, die sich in der eigenen Küche leicht umsetzen lassen.

Aus dem Inhalt:

- **Schokolade**
  Was wird zur Herstellung benötigt?
  Tips zur Herstellung
  Schokolade-Rezepte

- **Eis und zartschmelzende Genüsse**
  Was braucht man zur Eiserzeugung?
  Eis-Rezepte
  Sorbet-Rezepte
  Granité-Rezepte
  Parfait-Rezepte
  Eisrouladen-, Torten-, Omelette-Rezepte

- **Konfekt und Bäckerei**
  Was wird benötigt?
  Aufbewahrung von Konfekt und Bäckerei
  Konfekt-Rezepte
  Bäckereien-Rezepte

ISBN 3-7020-1004-1

Aufreiter / Baumgartner / Hauer / Mahringer / Obermayr

EINGELEGTE KÖSTLICHKEITEN

in Essig, Öl & Alkohol

136 Seiten, zahlreiche Farbabbildungen, Hardcover

Das Einlegen von Früchten, Gemüse, Käse und Fisch zum Zwecke des Haltbarmachens hat lange Tradition. Hier geht es aber weniger um das Konservieren selbst als vielmehr um die vielfältigen Geschmacksvariationen, die sich durch Kombination mit Gewürzen und den Konservierungsmitteln Essig, Öl, Alkohol, Salz und Zucker erreichen lassen.

Aus dem Inhalt:

- **Unser Einlege-ABC**

- **Einlegen in Alkohol**
  Früchte und Gemüse

- **Einlegen in Salz**
  Gemüse, Fische

- **Einlegen in Essig**
  Früchte und Gemüse, Pilze, Fische
  Angesetzte Essige

- **Einlegen in Öl**
  Gemüse, Käse, Fische
  Angesetzte Öle

- **Einlegen in Zucker**
  Früchte und Gemüse

160 Rezepte für „Eingelegte Köstlichkeiten"

Bestellen Sie unverbindlich und kostenlos unser Gesamtverzeichnis:
A-8011 Graz • Hofgasse 5 • Postfach 438 • Telefon (0 316) 82 16 36

AUS UNSEREM PROGRAMM:

ISBN 3-7020-0957-4

Georg Innerhofer

MARMELADEN, KONFITÜREN UND GELEES

Selbstgemachte Köstlichkeiten

128 Seiten, 70 Farbabbildungen, Hardcover

Über eine bloße Rezeptsammlung hinausgehend, bietet dieses Praxisbuch alle nötigen Anleitungen, um mit dem jeweils geeignetsten Geliermittel köstlich schmeckende Konfitüren, Marmeladen, Gelees sowie Fruchtkäse und -pasten herzustellen.

Über 60 Rezepte!

Aus dem Inhalt:

- Geschichte des Einmachens
- Begriffsdefinitionen (Konfitüre, Marmelade, Gelee, Kompott)
- Zum Einmachen benötigte Ausrüstung
- Zum Einmachen benötigte Zutaten
  - Früchte
  - Geliermittel
  - Süßungsmittel
  - Säuerungsmittel
  - Chemische Konservierungsmittel
  - Zusätze zur Geschmacksabrundung
- Herstellungsvorgang
- Saftgewinnung für die Geleeherstellung
- Qualitätsbestimmende Faktoren
- Haltbarkeitsbestimmende Faktoren
- Fehler und ihre Ursachen
- Grundrezepte nach Herstellungsart
- Rezepte

ISBN 3-7020-00921-3

Walter Gaigg

BOWLEN, PUNSCHE & LIKÖRE

Selbstgemachte Köstlichkeiten

140 Seiten, 64 Farbabbildungen, Hardcover

Fruchtige Bowlen, dampfende Punsche und wohlschmeckende Ansatzliköre und -schnäpse – mit leicht erhältlichen Zutaten und einfachen Rezepten lassen sich eine Vielfalt von besonderen Getränken zubereiten, die in keinem Geschäft erhältlich sind und ein einmaliges Geschmackserlebnis versprechen: ob für zu Hause, für Gäste oder als Geschenk.

Aus dem Inhalt:

- Bowlen:
  Zubereitung von Weißwein-, Rotwein-, Most- (Apfelwein-) und alkoholfreien Bowlen
- Heißgetränke:
  Punsche, Glühwein und -most, Feuerzangenbowle, Grog, Krambambuli, Jagertee, Cognacmilch u.v.a.m.
- Ansatzliköre und -schnäpse
  - aus Süd- und tropischen Früchten
  - aus kandierten Früchten
  - aus Gewürzen
- Klassische Liköre
  Eier-, Kaffe-, Schlagobers-, Kümmel-, Rotwein-, Bierlikör u. a.

Über 100 Rezepte!

Bestellen Sie unverbindlich und kostenlos unser Gesamtverzeichnis:
A-8011 Graz • Hofgasse 5 • Postfach 438 • Telefon (0 316) 82 16 36

Fordern Sie Informationen an!
GETREIDEMÜHLEN
HOLZBACKÖFEN
KNETMASCHINEN
NUDELMASCHINEN
ELEKTRO-STEINBACKÖFEN
RÄUCHERSCHRÄNKE
Backkurse im original Holz- & Elektro-Steinbackofen

HÄUSSLER
SO WIRD NATUR KÖSTLICH.

Karl-Heinz Häussler GmbH
In der Vorstadt
D-88499 Heiligkreuztal
Telefon 0049-73 71/9377-0
Telefax 0049-73 71/9377-40
www.haeussler-gmbh.de
info@haeussler-gmbh.de

Mit dem indirekt gefeuerten **Pasta-Noris Holzbackofen,** backen, braten und grillen Sie schnell, sauber und hygienisch. Durch die sehr kurze Aufheizzeit, ab ca. 1,5 kg Holz, ist er ideal für alle Privathaushalte, Direktvermarkter, Gastronomie, Fleischereien sowie Partyservice.

Elektrobrotbacköfen mit Potenziometer-Steuerung, in der Aufheizzeit, Stromverbrauch und Backergebnis unschlagbar. 12 verschiedene Modelle und Größen. Zum Backen von Brot, Pizza, Stollen, Gebäck aller Art.

Planetenrührgeräte, Teigknetmaschinen, kombinierte Planeten- und Teigknetmaschinen mit hochklappbarem Kopf, abnehmbarer Schüssel und Zeitschaltuhr. Die einzige Knetmaschine mit Getriebemotor und 3 Jahre Garantie.

Auf alle Geräte erhalten Sie 3 Jahre Garantie
Fragen Sie nach unseren Vertretungen in Ihren Bundesländern.

Pasta-Noris · Der Backofenspezialist
Wir führen alles, was Sie zum Brotbacken brauchen!

Pasta-Noris, Elsa-Brändström-Straße 68
D-90431 Nürnberg
Tel. +49-911-651458, Fax. +49-911-616596
email: Pasta-Noris@t-online.de

AUS UNSEREM PROGRAMM:

ISBN 3-7020-0789-X

Marianne Obermair / Romana Schneider

HALTBARMACHEN
Gemüse, Kräuter, Pilze

2. Auflage, 144 Seiten, zahlreiche farbige Abb., griffester Umschlag, brosch.

Von Großmutters Zeiten bis heute: Dieses Buch mit seiner Vielzahl von alten und neuen Rezepten gibt umfassend darüber Auskunft, wie Gemüse, Kräuter und Pilze haltbar gemacht werden können. Es beschreibt u.a. das **Einfrieren, Einkochen, Einlegen in Essig, Öl** oder **Salz**, das Einsäuern (z.B. Sauerkraut), das **Trocknen** (von Kräutern und Pilzen), das **Mahlen** (von Pilzen und Paprika) sowie das Herstellen von **Pasten, Chutneys, Gemüsemarmeladen, Würzölen** und **-mischungen** bis hin zum Einwintern von Frisch- und Wurzelgemüse. Darüber hinaus bringt es noch viele Tips für bäuerliche Direktvermarkter.
Pflichtlektüre für Hausfrauen und -männer, Gartenbesitzer, Pilzsucher und alle, die Wert auf gesunde oder ausgefallene Nahrung legen.

ISBN 3-7020-0910-8

Franz S. Wagner

RÄUCHERN, PÖKELN, WURSTEN
Schwein, Rind, Wild, Geflügel

3. Auflage, 146 Seiten, durchgehend farb. Abb., Hardcover

Das richtige Zubereiten, Würzen, Pökeln, Räuchern und Reifenlassen von Schinken-, Speck- und Wurstspezialitäten hat seine Geheimnisse. Hier finden Sie das „Gewußt wie"!

Aus dem Inhalt:

- **Die Qualität des Rohproduktes**
- **Die Technologie des Räucherns**
  Verschiedene Räucherverfahren
  Errichtung einer Räucherkammer
  Verwendung von Räucherschränken
  Räucherfehler und ihre Ursachen
- **Schinken ist nicht gleich Schinken**
- **Die Technologie des Pökelns**
  Pökelstoffe und ihre Wirkung
  Pökelmethoden
- **Die Technologie des Wurstens**
  Rohmaterialien
  Zerkleinerungstechnik
  Das Füllen
  Herstellung von Brüh-, Roh- und Kochwürsten
- **Die Technologie des Reifens und Lagerns von Dauerwaren**
- **Rezepte** (Schinken, Speck, Würste, Pasteten)

Bestellen Sie unverbindlich und kostenlos unser Gesamtverzeichnis:
A-8011 Graz • Hofgasse 5 • Postfach 438 • Telefon (0 316) 82 16 36

AUS UNSEREM PROGRAMM:

ISBN 3-7020-0853-5
Wolfgang Hauer
FISCHE RÄUCHERN UND BEIZEN

3. Auflage, 120 Seiten, zahlr. Farbabbildungen, Hardcover

Ob selbst gefangen, beim Teichwirt, am Fischmarkt oder im Geschäft als frische Ware erworben – wer Fische einmal selbst geräuchert und noch warm auf den Tisch gebracht hat, wird diesen Genuß erst richtig zu schätzen wissen. Wie es fachgerecht gemacht wird, lesen Sie in diesem Buch.

Aus dem Inhalt:
- Der Fisch als Lebensmittel
- Räucheröfen
  - Tischräucheröfen
  - Kompakte Kleinräucheröfen
  - Die Räuchertonne selbst gebaut
  - Selbstbau von Räucheröfen
- Welche Fischarten kann ich räuchern?
- Vorbereiten der Fische
- Das richtige Würzen, Einsuren, Vorbehandeln der Fische
- Aufhängen der Fische bzw. Räucherhaken
- Das richtige Holz
- Räuchermethoden
- Das Grillen von Fischen
  - Vorbereiten und Würzen der Grillfische
  - Grillvorrichtungen und -methoden
- Das Beizen von Fischen
- Rezepte mit geräucherten Fischen

Das umfassende Buch zum Thema geräucherte und gebeizte Fische!

ISBN 3-7020-0755-5
Andreas Fischerauer
ESSIG SELBST GEMACHT
Gär- und Kräuteressig, Senf

3., ergänzte Auflage, 124 Seiten, zahlreiche farbige Abbildungen und Skizzen, griffester Umschlag, brosch.

Essig zählt zu den ältesten, am meisten verwendeten und beliebtesten Würzmitteln der Menschheit. Die Kenntnis seiner Bereitung ist so alt wie die Erfahrung, daß sich alkoholische Getränke beim Stehenlassen in Essig verwandeln. Dieses Buch beschreibt bis ins kleinste Detail, ergänzt durch eine Fülle von Farbfotos, die Verfahren der Essigherstellung und die Präsentation des gebrauchsfertigen Produktes bzw. der verkäuflichen Ware. Es bringt alte und neue Rezepturen für Kräuter-, Gewürz- und Aromaessig und gibt ferner Auskunft über die Senf-(Mostrich-)Bereitung, deren Grundlagen ebenfalls auf Essig beruhen.

Aus dem Inhalt:
- Geschichte der Essigbereitung
- Kleine Essigkunde
- Die Essigbereitung
  - Kräuteressig
  - Gewürzessig
  - Aromaessig
- Essigrezepte
- Die Senfbereitung
- Senfrezepte
- Vermarktung

Bestellen Sie unverbindlich und kostenlos unser Gesamtverzeichnis:
A-8011 Graz • Hofgasse 5 • Postfach 438 • Telefon (0 316) 82 16 36